Maurice THIÉRY

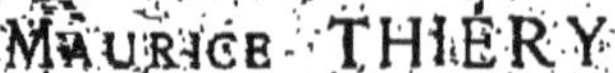

A travers Paris

Impressions et Croquis

PARIS
LIBRAIRIE TAITBOUT
ALBERT WOLFF, Éditeur
76, RUE TAITBOUT, 76

1900

A mon excellent ami

Harmand de Melin

Très sympathiquement

Maurice Thiéry

A TRAVERS PARIS

MAURICE THIÉRY

A travers Paris

Impressions et Croquis

PARIS
LIBRAIRIE TAITBOUT
ALBERT WOLFF, Éditeur
76, RUE TAITBOUT, 76

1900

DANS LES SQUARES

Durant l'été, à Paris, lorsque la température s'y prête, une partie de la population passe sa vie dans les squares, dont les arbres, avec ceux des avenues et des boulevards, suivant l'heureuse expression de Paul Arène, font de la capitale un merveilleux jardin.

De l'aube au crépuscule, les squares parisiens sont fréquentés par toutes les classes de la société. Aux premières heures du jour, tandis que, sur les branches des arbustes, tout un petit monde ailé pépie, gazouille, chante, les employés que leur bureau ne réclame pas tôt, et certains oisifs du quartier, retraités et rentiers, y viennent tranquillement lire leur journal et volontiers font un bout de conversation avec le gardien. Presque toujours ancien militaire, c'est un type, généralement, ce gardien ; désœuvré une grande partie de la journée, facilement il se lie, pour trom per la monotonie de sa profession, avec les habitués. Une surveillance peu pénible, quoique active, la vue perpétuelle d'un coin de nature, artificielle si l'on veut, mais nature quand même, semblent l'avoir rendu meilleur, débonnaire même et lui ôtent au moral l'apparence rébarbative qu'il possède au physique. Disons cependant, pour être juste, qu'il se montre intraitable envers les chiens, qui, insouciants des beautés végétales, franchissent clôtures et grillages pour fourrager dans les massifs, gambader et folâtrer sans vergogne à travers les plates-bandes et sur l'herbe des pelouses, heureux d'un semblant d'espace gazonné. Il fait aussi la chasse aux gamins turbulents, tapageurs et espiègles dont il est le croquemitaine. Étroitement, il surveille les rôdeurs à mine louche et les gens sans aveu qui viennent « lézarder » au soleil; par contre, il se montre prévenant, poli, aimable envers les gens cossus.

C'est l'après-midi que les squares présentent leur véritable physionomie, revêtent une animation particulière. Dès deux heures, jusqu'au moment du dîner, les jardins parisiens sont envahis par des bandes d'enfants. Sous l'œil vigilant des mères qui, à l'ombre, sur des bancs voisins, tricotent ou s'occupent à de menus travaux de couture, tout en bavardant, les bébés aux pas chancelants, à la démarche encore incertaine prennent leurs ébats, tandis que les fillettes sautent à la corde, et tout ce petit monde rit, s'agite, piaille, pleure, court et se roule sur le sable des allées. Plus loin, se chauffent au soleil, immobiles et silencieux durant de longues heures, des vieillards cacochymes et des vieilles au chef branlant : tous viennent chercher là le grand air, la verdure, l'oxygène rare dans les logements exigus.

Ces oasis rafraîchissantes, paisibles, ombragées au sein du grand Paris houleux, tumultueux et fiévreux, sont un des bienfaits d'une édilité soucieuse du bien-être des populations ouvrières pour qui les stations thermales n'existent pas et qui ne connaissent de la campagne que la banlieue.

Ces merveilleux jardins, ornés souvent de statues et d'œuvres d'art, aux massifs somptueux, aux pelouses verdoyantes, aux précieuses richesses horticoles et arborescentes, prennent naissance la plupart du temps, comme par l'enchantement d'une magique baguette : quelques semaines suffisent souvent pour créer ces endroits propices aux siestes, favorables aux évolutions enfantines. Ce qui précédemment n'était que lieu désert, place aride, quelconque, souvent inutile, quelques tombereaux de terre végétale et la toute-puissance de la voirie unie à l'art du jardinier, en peu de temps vous improvisent un admirable site, joie des yeux, délices de l'odorat, aux plantes rares, aux arbres puissants dont l'ombrage tutélaire procure au philosophe, au poète, au rêveur et mieux encore à toute une classe intéressante, un lieu champêtre, retraite salutaire de verdure, de fraîcheur, de réconfort, où les uns viennent penser, méditer, rêver; les autres y puiser la santé, l'hygiène, la vie.

Au printemps, l'air ambiant s'imprègne de senteurs balsamiques, d'effluves aux aromes agréables, vifs et pénétrants : dans les allées, soigneusement entretenues, au gravier minutieusement ratissé, sur les pelouses à l'herbe rase et drue, toujours verte, c'est une pluie de pétales odoriférants, aux nuances variées où dominent le bleu, le blanc, le rouge, emblème des couleurs nationales ; il pleut alors des fleurs, « neige odorante du printemps ».

Vers la brume, à l'heure où les ateliers, ruches humaines, se vident, ouvriers et ouvrières, d'un pas pressé, traversent les squares. D'aucuns s'y attardent parfois et il n'est pas rare de rencontrer des amoureux, marchant lentement, le cœur en fête, tout absorbés dans les rêves d'un avenir enchanteur.

A la nuit noire, le petit jardin, devenu silencieux, clôt ses portes. Jusqu'au lendemain, sous le firmament étoilé, dans un calme absolu, tout y repose, oiseaux et fleurs.

PREMIÈRES COMMUNIONS

Chaque année, lorsque revient le mois de mai fleuri, ensoleillé, les voies parisiennes, jusqu'aux quartiers populaires, se ponctuent, s'émaillent de blanches toilettes, enveloppées de voiles immaculés, vivantes fleurs symbolisant l'innocence : ce sont de jeunes communiantes, que le sceptique même regarde avec intérêt.

Graves, et fières de leurs pimpants atours, elles marchent avec précaution, presque à pas comptés, d'un air modeste et réservé, heureuses de la sympathie qu'elles éveillent sur leur passage. Les mamans, en robes claires ou sombres, d'un goût exquis, ont l'air presque aussi heureux que les fillettes qu'elles accompagnent, dans la transparence lumineuse des matinées printanières.

Pour cette cérémonie de la jeunesse qui marque le passage à l'adolescence et transforme la gamine d'hier en la jeune fille de demain aux rêves inconscients, c'est fête aux logis même les plus humbles ; fête essentiellement parisienne, car la capitale, en dépit d'un certain vernis ironique et gouailleur, professe, à différentes époques de l'année, un culte à la vérité plus apparent que réel pour certaines solennités que, traditionnellement, elle observe. Ces jours-là, les nefs des basiliques s'emplissent d'une foule empressée plus curieuse que croyante, mais que charment néanmoins les rites liturgiques et la grandiose majesté des pompes grégoriennes.

Du haut en bas de l'échelle sociale, dans les hôtels aristocratiques, chez la bourgeoisie comme dans les familles ouvrières, les premières communions, dont les fillettes sont les héroïnes, fournissent un prétexte à un repas de famille auquel sont conviés les parents et les amis.

Age heureux de l'enfance, cette date marque l'époque où va finir la fillette : adieu les jupes courtes et les grâces enfantines ; la chrysalide se métamorphose. Pour quelques-unes, le petit nombre, commence une existence facile où elles seront choyées, adulées, enviées. Mais pour la grande majorité, c'est le rude apprentissage, le début de la vie laborieuse avec ses larmes, ses peines, ses misères, égayées parfois de quelques rares joies, toujours éphémères.

Première communion! Radieuse journée de l'enfance insouciante et candide! Profitez-en, fillettes en robes blanches, emblème de votre âme virginale ; elle n'aura pas de lendemain.

Si, pourtant : c'est parfois un prélude à une autre cérémonie encore lointaine, car plus tard, la jeune fille revêtira peut-être une autre toilette blanche, et la communiante d'aujourd'hui, nouvelle mariée, retrouvera, pour un jour, des enivrements différents de ceux d'hier, avec aussi des lendemains aux devoirs austères.

AU BAR

Ils sont d'origine anglaise et de date récente, ces établissements d'ordre inférieur, spéciaux aux quartiers populaires. Point de rue ouvrière qui ne possède un ou plusieurs de ces débits, à la façade peinturlurée d'une couleur particulière, tirant l'œil, bariolée d'inscriptions allèchantes par le bon marché des liqueurs dont elles énumèrent les divers prix. La porte grande ouverte semble inviter le passant à entrer; le comptoir d'étain brillant, immense, faisant le tour de la pièce, paraît accueillant, tentateur aux volontés faibles : autant de pièges tendus à la soif, à la gourmandise ou au vice.

Le bar, café démocratique moderne, à l'usage des petites bourses, a détrôné l'ancien mastroquet des coins de rue, en train de disparaitre. Au petit établissement étroit, simple, mesquin, pourvu d'un comptoir ordinaire. de tables en bois blanc et de quelques chaises, s'est substituée la vaste salle claire, décorée, ornée de glaces, au luxe trompeur, tout de clinquant, véritable miroir propre à attirer les alouettes humaines. Des garçons stylés, silencieux et prestes, font le service en tablier blanc.

Dès le petit jour, le défilé commence : le bar ouvre de bonne heure. Ses premiers visiteurs sont les ouvriers se rendant à leur travail; mais les femmes aussi entrent pour une large part dans la clientèle ordinaire de ces établissements. Au fur et à mesure que la journée s'avance, les consommateurs se succèdent, tous de catégorie différente : ouvriers sans travail, irréguliers de la vie parisienne, familiers du pavé, petits marchands ambulants, y viennent absorber à des prix très modiques d'innommables boissons frelatées mais copieusement servies. Ils sont entre eux ces gens : gueux faméliques et invétérés alcooliques, toute l'armée pullulante des meurt-de-faim et des miséreux; et puis, là, ils sont comme chez eux, car, pour une consommation, ils peuvent, assis aux tables, stationner de longues heures : au chaud l'hiver, au frais l'été.

Vers le soir, à l'heure de l'apéritif, surtout après les jours de quinzaine, une foule nombreuse se presse autour des comptoirs reluisants, surchargés de verrerie. D'aucuns, en rangs serrés, s'empilent à la terrasse pour s'y intoxiquer d'absinthe ou autres produits similaires, répugnants à des gosiers non habitués à ces alcools inférieurs, ferments de maladies, agents actifs du delirium tremens, pourvoyeurs des hôpitaux et des tribunaux.

Dans la salle à l'atmosphère lourde de la fumée du tabac, imprégnée de relents fades et aigres, saturés de l'odeur des spiritueux, les lazzis grossiers se croisent, les conversations incohérentes s'échangent. Les consommations, fréquemment, se renouvellent, et l'heure s'écoule pour les clients de plus en plus en proie à la surexcitation d'une ivresse malsaine, tandis que dans le tiroir de la caisse, à la grande joie du patron radieux, avec un bruit métallique, tintent les gros sous s'accumulant.

Qui dira les maux sans nombre causés par les bars, produits de l'étranger, et sur la porte desquels on pourrait graver ces mots fatidiques inscrits sur celle de l'enfer du Dante : « Vous qui entrez ici, laissez toute espérance ! »

JOURS D'ÉTÉ

C'est une habitude, et une habitude louable, hâtons-nous de le dire, chez les Parisiens, de passer les dimanches de belle saison à la campagne. Dès que l'été reparaît, si le temps est favorable, c'est une envolée de citadins vers les champs et les bois.

Ouvriers, employés, petits bourgeois, fuyant la capitale, partent chaque dimanche pour les banlieues proches ou lointaines, par couples, par groupes ou par familles. Tous les moyens de locomotion sont utilisés : chemins de fer, bateaux, tramways, fiacres, voire même les automobiles, sans oublier la très commode bicyclette dont l'usage est prépondérant, capital, d'une grande généralité à cette époque de l'année.

Les uns se rendent en des villas dont ils sont propriétaires et qui les reçoivent ces jours-là seulement : ce sont les privilégiés. D'autres ont leur famille, d'aucuns fréquentent chez des amis. Mais la grande majorité va au hasard, en un lieu choisi, arrêté d'avance ; les bois sont les rendez-vous ordinaires de ces derniers. Nous ne parlerons que pour mémoire des hippodromes, bien qu'ils reçoivent un notable contingent de Parisiens, le dimanche, mais ceux-ci ne forment qu'une exception parmi les excursionnistes dominicaux.

Avides de liberté, d'espace, assoiffés d'air, de verdure, les Parisiens s'empressent chaque dimanche et jour férié d'aller se retremper en pleine campagne. Les échos forestiers retentissent des refrains en vogue, des scies de café-concert poussés par des poumons heureux de se gonfler d'air salubre, de respirer à l'aise, loin de l'atelier poussiéreux, du bureau morne et triste; avec bonheur, chacun oublie, pour quelques heures, le pavé des rues, les maisons de pierre, les mille bruits de la fourmillante cité.

Sur les routes blanches, dans le calme bienfaisant et réparateur des bois ombreux, parmi la paix des champs, dans la solitude de la nature forte et douce, l'esprit s'élargit, le corps se détend. On éprouve comme un enivrement qui vous étourdit et vous grise au contact de ces choses vivifiantes et saines, bien différentes du spectacle habituel, quotidien. C'est un impérieux besoin de fouler l'herbe épaisse, de parcourir guérets et halliers, de se laisser vivre, à la vue de ces horizons infinis, sous le ciel bleu.

*
* *

Ces admirables sites de la banlieue parisienne, ces coins de campagne remplis de séductions troublantes, inconnues, charment les yeux, récréent et délassent; on se sent renaître au sein de ces panoramas enchanteurs, variés, pittoresques; on est à l'aise parmi toutes ces choses qui ont pour les emmurés, les reclus d'une semaine, des attraits puissants, mystérieux, suggestifs. C'est ce qui explique l'engouement, l'irrésistible fascination que la campagne exerce sur tout Parisien au fond duquel on retrouve, même chez le plus sceptique, le plus blasé, un campagnard par atavisme, un rustique sincère, un ami, parfois inconscient, des beautés champêtres.

Les guinguettes, les attractions diverses aux entrées des bois ont aussi leur part en ces déplacements fugitifs : c'est une réminiscence du quartier quitté, où l'ouvrier retrouve le gros vin auquel il est habitué ; aux terrasses, les tables de tôle où librement l'on s'accoude et les tabourets peu luxueux, mais familiers.

L'agrément favori de ces courtes villégiatures, ce sont les repas sur l'herbe, le dîner sans façon, sous les grands arbres, au frais, à ciel ouvert. A l'heure où l'estomac réclame impérieusement ses droits inéluctables, de tous côtés, le couvert est dressé impromptu dans un espace libre sur l'herbe ou la mousse fraiche, près des taillis touffus, sous les luxuriantes frondaisons. Et après les longues courses au grand air, l'appétit aiguisé fait honneur à un menu improvisé à la hâte, au hasard du lieu, dont souvent, selon la saison, les fraises des bois, recueillies en famille, constituent un dessert assorti et parfumé.

Enfin, lorsque la nuit étend ses voiles sur la nature assoupie, s'opère le retour à la ville. Oh! ces retours de banlieue par les chemins de fer bondés, les appels, les cris bruyants, les chants joyeux, l'encombrement des gares, qui ne les connait pour les avoir pratiqués? On se case où l'on peut, au petit bonheur des compartiments au complet. On envahit les marches des escaliers conduisant aux impériales, on s'installe sur les marchepieds des vagons en se cramponnant aux barreaux extérieurs des voitures surchargées.

Puis ce sont les sorties tumultueuses, effectuées d'un pas las, le corps nonchalant, à travers les salles des gares encombrées ces jours-là, les poussées en groupes compacts vers les portes trop étroites.

De nouveau, pour regagner le logis, il faut prendre d'assaut tramways et omnibus, les mains embarrassées de bottes de fleurs des champs et des bois, dont on a fait ample provision et qui, comme un souvenir de la promenade estivale, durant la semaine, répandront dans les demeures une vague odeur des taillis et des plaines parcourues. Les enfants harassés s'endorment, les hommes crient, s'emportent, se fâchent, les femmes s'inquiètent, s'impatientent, maugréent contre les stations prolongées, trop heureux encore lorsque la pluie ne vient pas mettre le comble à l'énervement général.

N'importe, le caractère du Parisien est ainsi fait qu'il supporte assez allègrement ces petits désagréments inévitables en ces circonstances. Une fois rentré, on ne regrette pas sa journée, qui, en somme, n'a pas été perdue : le corps y trouve son compte, l'esprit, une réelle satisfaction. Plus alerte, plus dispos, chacun reprendra, le lendemain, la besogne accoutumée et l'on attendra le dimanche suivant en escomptant à l'avance les joies d'une nouvelle partie champêtre.

CYCLOMANIE

La bicyclette est, sans contredit, le sport à la mode d'une notable majorité de Parisiens : les jeunes gens surtout s'y adonnent passionnément et depuis quelques années, dans toutes les classes de la société, il a pris des proportions considérables.

D'abord regardé avec une certaine défiance, ce genre de locomotion a gagné peu à peu les faveurs du public et conquis droit de cité. Pour les heureux privilégiés, fervents de la bécane, amateurs de déplacements rapides sans fatigue excessive, les pouvoirs publics ont bien fait les choses. A leur intention, pour plus de commodité, afin qu'ils puissent satisfaire librement leurs goûts, des vélodromes furent créés, des voies spéciales établies, une réglementation particulière formulée : la cyclomanie, officiellement, fut reconnue.

Les voyez-vous passer, par nos avenues et nos boulevards, rapides et gracieux, ces modernes centaures courbés sur leurs machines brillantes, aux roues silencieuses et légères : un bruit de grelot, vif, argentin, puis plus rien ; ils sont déjà loin ; fantômes circulant comme des ombres, ils semblent symboliser l'occasion... Le soir, la nuit, la lanterne des cyclistes devient un feu-follet aux allures capricieuses et diverses.

Les femmes ne sont pas les moins acharnées à sacrifier à la reine du jour, à la déesse fin-de-siècle. En jupes courtes ou en culottes amples, bouffantes, le corsage serré à la taille, hybrides, les pieds, chaussés de fins brodequins, qui, d'un mouvement souple, moelleux, doux comme une caresse, pressent les pédales dociles; en quelques tours de roue, elles disparaissent, radieuse vision emportée comme en un rêve : c'est l'image de la pensée féminine, fuyante, ondoyante, s'évanouissant dès qu'on l'approche.

Il n'y aurait qu'à applaudir à cette innovation, si, comme toute médaille, elle n'avait son revers. Le spectacle d'une bicyclette lancée à une allure vertigineuse est bien joli, vu de loin, admiré sans danger du trottoir par des badauds extasiés, mais cette rapidité fantastique, cette fougueuse mobilité tenant du miracle, ne va pas sans incidents et même sans accidents, et ce qu'il y a de plus regrettable, au détriment des réfractaires de la bécane, paisibles piétons circulant lentement par nos voies parisiennes, victimes involontaires des cyclistes imprudents ou maladroits, qui, trop facilement, par vaine gloriole ou amour-propre déplacé, se livrent à des emballements exagérés.

Sport charmant, agréable, exercice hygiénique et salutaire à la campagne, sur les routes suburbaines, à la condition d'être pratiqué avec modération, la bicyclette peut devenir dangereuse et même fatale dans les quartiers populeux, encombrés de passants, d'enfants et de véhicules.

Néanmoins, tenons pour certain que la cyclomanie, malgré ses inconvénients, a du bon. Chaque année voit croître le nombre de ses fidèles. C'est que la bicyclette s'adapte merveilleusement au tempérament français. Pour les sorties estivales, elle procure au Parisien en général des avantages notoires d'un charme et d'un agrément appréciables. Elle est à la jeunesse un stimulant puissant et propice au développement des forces physiques; elle lui ménage en outre des plaisirs sains, des sensations fortes que difficilement elle trouverait sans cette auxiliaire précieuse.

LES CRIS DE LA RUE

Le mois de juin est l'époque par excellence des petits pois, des fraises, des cerises, des asperges, des pommes de terre nouvelles et autres primeurs : aussi est-ce également le bon temps pour les marchands de quatre saisons, les revendeurs avec voiture à bras, harcelés de la police qui leur interdit le stationnement, mais dont les ménagères économes assiègent les légers véhicules débordant de légumes.

Les rues de Paris font vivre une foule de gens fort intéressants, peinant dur et ferme pour un gain souvent modique. Innombrables sont les petits métiers qui s'exercent sur le bitume, le pavé de bois, le carrefour et la place publique ; il serait trop long de les énumérer tous et l'on risquerait fort d'en omettre.

En été, dès l'aube, plus tard l'hiver, car nulle saison n'arrête ces laborieux, que la canicule règne dans toute sa force ou qu'un froid âpre sévisse, toujours par les rues, glapissent, nasillardes ou tonitruantes, des voix à l'aigre fausset ou de basse profonde. Sitôt que Paris s'anime, ces gagne-petit, humbles commerçants, avisés industriels, prennent possession du trottoir ou de la chaussée qui, jusqu'au soir, va les voir défiler, révélant leur passage, chacun par un cri différent, varié, spécial; guttural ou enroué chez les uns, nettement claironné ou inintelligible chez les autres.

C'est d'abord le « mouron pour les petits oiseaux » et le « cresson de fontaine, la santé du corps ». Un peu plus tard viendront les vendeurs au panier, à la hotte ou à l'éventaire roulant, emplissant d'appels multipliés les rues étroites, circulant lentement le long des avenues et des boulevards. Dans certaines voies très fréquentées, telle la rue de la Gaîté, particulière par sa physionomie, c'est un défilé ininterrompu, un encombrement continu. Certains même s'installent à demeure : marchandes de poissons, de volailles ou d'oranges, lesquelles répètent, à satiété, la traditionnelle phrase : « Demandez la valence, la belle valence. » Les harengères, à pleins poumons, à tue-tête, annoncent l'arrivée du « brillant maquereau », des raies, soles et limandes.

Avec le jour s'avançant, croît le nombre de ces modestes trafiquants, s'augmente la nuée des marchands de légumes, les plus nombreux parmi ceux qui débitent ainsi leurs denrées en plein vent. C'est le marchand de gras double et de tripes à la mode de Caen, les rempailleurs de chaises au sifflet énervant, le rémouleur, véritable « gagne-petit », avec sa cloche qu'il accompagne de la voix; puis le marchand de tonneaux, dont le cheval, longeant les trottoirs, traîne docilement le haquet chargé de futailles vides : « Tonneaux ! tonneaux ! Rrrrrchand de tonneaux ! » retentit par les rues depuis une trentaine d'années à peine. Les crémières, aux petits suisses recouverts de linge immaculé, éblouissant de blancheur, annoncent leurs produits lactés sur un air de lente mélopée. Les marchandes de fleurs laissent après elles un sillage odoriférant, agréable arome, fleurant discrètement, suivant la saison, la violette, la rose, le lilas, le muguet ou le réséda.

*
* *

Vers midi, se produit une détente, une sorte d'accalmie, chacun fait relâche pour prendre un léger repas et un court repos. Mais bientôt les cris reprennent de plus belle. Les rétameurs et les marchands de robinets, s'ils ne crient pas, se servent pour attirer l'attention d'une clochette ou d'un sifflet. C'est encore le tondeur de chiens qui « coupe également les chats », le marchand de coco, sans oublier la classique marchande de gâteaux et d'oublies, à la cliquette monotone. Passent aussi le vitrier au cri vibrant, strident, et le marchand d'habits à la voix traînante, à inflexions diverses.

*
* *

Vers cinq heures, aux quartiers excentriques, surgissent soudain des crieurs d'un nouveau genre. Tout courant, suant, soufflant, hurlant, arrivent, du centre de Paris, les vendeurs de journaux du soir. Ils ne ralentissent leur course effrénée qu'aux terrasses des cafés dont les consommateurs forment surtout leur clientèle ordinaire. Après avoir poussé un bref : « Résultat complet des courses ! » cherché des acheteurs d'un coup d'œil rapide, exercé, ils reprennent leur course folle, débridée : on les cherche qu'ils sont déjà loin. Derrière eux surviennent, moins pressés, d'autres vendeurs : « Demandez la *Patrie*, le *Jour*; et fort tard dans la soirée, les quartiers paisibles, les rues désertes, déjà somnolentes, sont troublées par les cris sonores de : « La *Presse!* Demandez la *Presse* ! » d'autant plus répétés qu'un événement sensationnel, passionnant l'opinion publique, est à l'ordre du jour. Souvent aussi circulent des colporteurs de livraisons hétéroclites, de brochures au titre bizarre, sans parler des camelots débiteurs de jouets nouveaux, d'engins et d'appareils de toute sorte.

Si l'on ajoute à ces mille bruits de la

rue, les cris des cochers s'injuriant, les claquements de fouet des charretiers, les fréquents tintements des grelots de bicyclistes, les sons prolongés des trompes de tramways et d'omnibus, les rauques et puissants appels des automobiles, on aura une idée de ce que perçoit au long d'un jour, sur l'asphalte parisien, l'ouïe d'un passant en l'an de grâce mil huit cent quatre-vingt-dix-huit.

*
* *

Somme toute, ces petits métiers des rues sèment un peu de fantaisie, mettent du pittoresque à travers la capitale qu'ils égayent, animent et encombrent. Ils rappellent l'époque lointaine où les marchands ambulants et les échoppiers se tenaient dans les rues, en plein air. Ceux qui subsistent ont d'ailleurs une tendance à disparaître. Ils seront regrettés, le jour où ils n'existeront plus, tous ces gagne-petit, aux cantilènes bruyantes ou joyeuses qui fournirent plus d'un thème charmant au poète, des scènes comiques ou émouvantes à l'auteur dramatique et des sujets de tableaux aux peintres de genre. Plus d'un compositeur de musique s'inspira des intonations curieuses, originales, variées, d'une science naïve, pour composer des symphonies que, sans se douter de leur origine, applaudit le public, et plus d'un ténor, idole de la foule amie de l'harmonie, fut tiré de ce milieu ambulant par la sagacité de directeurs perspicaces.

SUR LES FORTIFS

En dépit d'un air de famille commun à l'ensemble des fortifications de Paris, chaque partie de cette immense ceinture enserrant la capitale a cependant un caractère particulier, un aspect qui lui est propre, suivant le quartier qui l'avoisine.

Ils sont bien curieux ces fortifs, chantés par Bruant, et dont l'expression, due au chansonnier montmartrois, est passée dans le langage courant. C'est tout un monde, pittoresque et varié, que ces points extrêmes de la capitale, donnant aux portes de la grande ville un avant-goût de la campagne.

Devenues totalement inutiles au point de vue stratégique, les fortifications de Paris semblent aujourd'hui n'avoir plus d'autre raison d'être que de faciliter la perception des droits d'octroi dont un bureau est installé à chacune des portes.

Solides, massifs, admirablement construits en meulière de choix, ces remparts de l'énorme cité, qui coûtèrent fort cher à établir, n'eurent jamais qu'une utilité relative. Un fossé large, profond, un mur élevé, en défendent extérieurement l'accès; une herbe grasse, verte et drue, les couvre une grande partie de l'année. Affermés par le génie, ces terrains servent de pâturages à des nourrisseurs voisins qui, durant la belle saison, y conduisent paître leurs troupeaux de vaches ou de chèvres. De plus, désireuse de tirer un rapport plus complet encore de ces lieux inutilisés, l'administration militaire les a récemment loués pour y créer des jardins potagers, vers Montrouge et Malakoff, privant ainsi de son lieu de promenade ou de sieste familier, les populations des quartiers environnants, car tout un petit monde fréquente les fortifs. Les enfants, non sans danger, y jouent volontiers ; au long du jour, gueux et pauvres hères y dorment au soleil ; des malades, des oisifs, des vieillards s'y promènent et des filles qu'accompagnent des gens sans aveu, rôdeurs de barrière et autres, en font leur séjour habituel, s'y donnent rendez-vous, y vivent presque, en un mot, toute la journée, ne les quittant qu'à la brune pour s'abattre sur Paris.

Mais une classe intéressante qui affectionne plus particulièrement les fortifs, qui s'y plait, qui en a fait pour ainsi dire sa chose, ce sont les ouvriers, travailleurs de toute sorte, qui, l'été, après la rude journée de labeur, vont y chercher un peu d'air, respirer plus aisément que dans leurs étroits logis faubouriens. Aux jours caniculaires, ils y prennent, au frais, leur repas du soir sur l'herbe rissolée, que parsèment des tessons de bouteilles et des papiers graisseux. Jusqu'à l'heure du coucher, ils s'y reposent.

Les fossés des fortifications constituent aussi pour les élèves tambours et clairons des casernes avoisinantes un endroit propice à leurs exercices bruyants. En plein vent, sans crainte de troubler la tranquillité publique, nos petits pioupious se livrent là sur leurs peaux d'ânes et dans leurs cuivres à des rans, des plans et des sonneries répétées produisant un charivari infernal.

Mais si les fortifs sont un but de promenade recherché des amoureux et des amateurs de villégiature estivale gratuite, ils ont aussi leur côté macabre, car ils contribuent à grossir le nombre des faits-divers. Plus d'un désespéré, vaincu des batailles de la vie, demande aux remparts parisiens une mort rapide et facile et, grâce à leur complicité, met un terme à sa misère.

Des guinguettes sans prétention bordent *intra muros* la longue ligne des boulevards extérieurs courant au pied des fortifications et procurant aux cyclistes une admirable piste favorable aux entraînements quotidiens.

Que les habitués de la verte enceinte urbaine se hâtent de jouir des agréments que fournissent les fortifs, car avant peu sans doute, regrettés de bien des gens, la pioche des démolisseurs entamera leurs flancs robustes.

FÊTE NATIONALE

La fête nationale du 14 juillet peut se résumer toute entière en ceci : du bruit, des chants, des danses.

C'est une fête essentiellement démocratique, car, à elle, seuls y prennent part les gens du peuple : les privilégiés de la fortune s'empressent de fuir Paris en ces jours de liesse populaire, tandis qu'accourent des départements voisins de la capitale, provinciaux et campagnards.

Des kermesses, des fêtes foraines locales s'établissent en différents quartiers de la grande ville; elles aideront de leur pittoresque, souvent piteux, à corser le programme des réjouissances publiques.

La fête du 14 juillet, d'institution républicaine, eut són heure de lustre, mais à voir le peu d'entrain que les citoyens mettent aujourd'hui à contribuer à son éclat par la décoration des maisons et des rues, ainsi que cela se pratiquait presque universellement il y a dix ou quinze ans, son prestige semble amoindri et sa splendeur s'éclipse. Autrefois même, des jeux avaient lieu pour l'amusement des enfants des deux sexes; ils ne se produisent plus qu'en petit nombre. Elle a toujours son caractère officiel, c'est-à-dire froid, parce qu'il est administratif, de commande : on ne décrète pas la gaieté, et nombre de gens, ouvriers et bourgeois, préfèrent de beaucoup, en ce jour férié, l'air pur des bois, les magnificences de la campagne vers la mi-juillet, à l'atmosphère étouffante des voies parisiennes, au bitume surchauffé, les maisons en fussent-elles pavoisées aux immortelles trois couleurs d'un effet chatoyant, pimpant, bariolé.

Les gamins, enfants des écoles et jeunes apprentis, profitent de cette circonstance pour faire éclater force pétards et annoncer l'anniversaire de la prise de la Bastille par des détonations aussi nombreuses que retentissantes, souvent dangereuses. C'est plutôt la fête des jeunes gens, amis du bruit, de l'action, du mouvement.

Afin de rehausser l'éclat de la fête nationale, presque chaque année, soit la veille, soit le jour même, le gouvernement réserve ou fait naître une inauguration quelconque. Ce sera prétexte à discours, la part qu'il prend à cette solennité républicaine, avec la revue militaire de Longchamps et les illuminations des édifices publics.

Dès que la nuit s'étend sur Paris, les monuments, décorés de drapeaux tricolores et d'écussons, s'éclairent de brillantes rampes de gaz, les façades resplendissent de cordons et de guirlandes lumineuses. Les arbres des avenues portent dans leurs feuillages une flamboyante floraison, semblable à d'énormes fruits de pays fantastiques, de lampions et de ballons de couleurs variées, rouge, rose, orange, du plus gracieux effet.

Les marchands de vins, tenanciers de bars, sont ceux à qui profite davantage la fête nationale. Trois soirs consécutifs, devant les établissements de ces détaillants de spiritueux, sur le trottoir, la foule va s'amuser. Nombre de ces commerçants donnent des bals publics et gratuits. Dès que les dernières fusées et le bouquet final des feux d'artifice sont éteints, aux sons d'un orchestre recruté à la diable, entre des cordons de lampions, dans les bals en plein vent, s'amuse et danse le peuple des faubourgs et des quartiers ouvriers. Durant une partie de la nuit, jeunes gens et jeunes filles du peuple, le monde de l'usine et de l'atelier, se livrent à d'interminables ébats chorégraphiques, et les premières lueurs de l'aube surprennent des couples las mais toujours gais, intrépides danseurs, tournoyant encore, sans grand souci de la cadence, sur l'asphalte poussiéreux et les pavés inégaux des chaussées et des carrefours.

DISTRIBUTIONS DE PRIX

Les premiers jours d'août sont marqués par des cérémonies d'ordre particulier, véritables fêtes de familles qui n'ont lieu qu'à cette époque de l'année. Il s'agit des distributions de prix aux élèves des deux sexes de tout âge et de toutes classes. Durant les quelques jours qui précèdent ces solennités de l'enfance, c'est, parmi tout ce petit monde scolaire, une surexcitation, un énervement, un remue-ménage général qui préoccupe, anime, passionne, enfièvre ces jeunes cerveaux.

Pour le jour si impatiemment attendu des maîtres et des élèves, le préau de l'école, décoré, orné, est aménagé en vue de la cérémonie enfantine.

Tantôt le matin, tantôt le soir, en des locaux différents s'effectuent ces solennités sous la présidence de quelque notabilité de l'arrondissement : maire, adjoint, délégué cantonal, conseiller municipal, voire même député.

Longtemps avant l'heure fixée pour l'ouverture de la séance, écoliers et écolières, pimpants, frisés, radieux, le visage rayonnant de joie, en proie à une impatience bien naturelle en cette circonstance, sous l'œil vigilant des maîtres et des maîtresses, garnissent les bancs disposés à leur intention. Derrière, les parents, endimanchés, se placent et se pressent pour mieux voir, au petit bonheur, au milieu des espaces restés libres. Parfois une Société musicale prête son gracieux concours à cette fête de famille. L'agitation devient générale dès que sous les voûtes sonores retentissent les mâles accents de la *Marseillaise* tandis que les invités de marque, rares privilégiés, font leur entrée dans la salle et prennent place sur l'estrade.

Le silence, non sans peine, s'établit et le président ouvre la séance par la lecture ou l'improvisation d'un discours de circonstance d'ordinaire mal prononcé, rempli de bonnes intentions, que chacun écoute, mais que personne n'entend au milieu du bruit et du frémissement général. Si la fanfare fait défaut, on y supplée, car il faut de la musique pour égayer, animer ces cérémonies, par des chœurs de jeunes garçons et de jeunes filles.

L'allocution présidentielle terminée, commence la lecture du palmarès. Les prix d'honneur, les succès remportés par l'école dans les concours et dans les examens, sont soulignés par de bruyants bravos, de vifs applaudissements. Chaque élève, à l'appel de son nom, monte les degrés de l'estrade pour recevoir le livre de prix qui lui est attribué et se faire couronner par l'une des personnes qui s'y trouvent. A mesure que la cérémonie s'avance, l'intérêt décroît, tandis qu'interminablement se poursuit, monotone et fatigante, la lecture des récompenses. Enfin, un ouf! de soulagement, de délivrance, s'échappe de toutes les poitrines lorsque le président, au milieu du brouhaha des conversations, dans le désarroi des sorties, de nouveau se lève pour remercier l'assistance et annoncer la date de a rentrée des classes.

Par les rues, gamins et fillettes, la tête ceinte du vert laurier traditionnel portant les beaux volumes rouges et dorés, prix des efforts d'une année de travail, s'enorgueillissent de l'admiration dont ils sont l'objet.

Les mamans, qui les accompagnent, sont presque aussi heureuses que leurs enfants. Et ce sera fête au logis, le soir, lorsque le père, revenu de l'atelier ou du bureau, s'informant de la journée, on lui remettra, joyeusement, le livre à tranches dorées : l'allégresse alors sera à son comble dans la famille.

Fêtes charmantes de l'enfance studieuse, joies pures de l'adolescence, premiers triomphes, succès de l'âge heureux, ils sont le prélude d'une vie plus active, d'un avenir qui s'ouvre avec son mystérieux inconnu pour ces jeunes lauréats grisés en ce jour de distribution de prix d'une précoce gloire facile.

UN ATELIER D'ARTISTE

Vers Montrouge, du Luxembourg aux fortifications, cette partie de Paris est, en quelque sorte, l'endroit de la capitale adopté de préférence par les artistes. Les sculpteurs surtout y dominent, et c'est l'atelier de l'un d'eux, se ressemblant d'ailleurs presque tous, que je veux essayer de fixer la physionomie.

Non pas cependant le hall monumental d'un maître de l'ébauchoir, membre de l'Institut, honoré, titré, décoré, mais celui d'un de ces tailleurs d'images, laborieux de la glaise et du marbre, beaucoup plus nombreux que les princes de la sculpture, peinant seuls et dont les efforts persévérants, le mérite obscur, patient, modeste, sont dignes d'éloges.

Dans une pièce, élevée de plafond, aux murs nus quand elle est vide, la lumière entre à profusion par une large baie vitrée pratiquée dans le haut : un store, à volonté, en règle les effets. Des murs peints, badigeonnés, teintés de nuances diverses : vert d'eau, rosés, jaunâtres, etc., sur lesquels se détachent les maquettes, forment fond. La paroi de devant, vitrée dans sa partie supérieure, contribue également à l'éclairage. Quant aux deux autres murs, des tapisseries et des tentures les recouvrent; oui, des tapisseries, authentiques, quand la situation de l'artiste le lui permet, en imitation dans le cas contraire, car tout artiste, amoureux du beau, est en même temps quelque peu décorateur, ami des étoffes soyeuses, somptueuses, chatoyantes.

A un angle de l'atelier, dans une armoire-bibliothèque, vieux bahut, de style autant que possible, sont rangés sur des rayons des bouquins poudreux et des ouvrages modernes : romans, livres divers, surtout ceux dont le sculpteur a besoin pour son art.

Plus haut, presque au plafond, sur des planches, se profilent, s'alignent, recouverts d'une vénérable poussière, patine du temps, des bustes en plâtre de soi-disant grands hommes, de bourgeois vaniteux, d'inconnus dont le marbre ou le bronze précédemment fut livré, ou, souvenirs de travaux antérieurs, des maquettes inachevées, des esquisses à l'état embryonnaire, rêves d'œuvres futures, dans l'esprit de l'artiste, sans doute chefs-d'œuvre à venir. Et, accrochés aux murailles, des études, des moulages sur nature, nécessaires à la réalisation d'œuvres en préparation, s'entremêlent en des positions diverses, bizarres.

Sur des selles se dressent des travaux en cours d'exécution, attendent des maquettes dont l'artiste cherche encore le motif, mais dont une inspiration fugitive lui a fourni le sujet, œuvres qu'il caresse, qu'il choie, qu'il vit.

De ci, de là, revenus, hélas! des Salons précédents, reposent, au second plan, avec presque un certain air mélancolique, tant ils sont délaissés, dans la venue inespérée d'un acheteur problématique, les œuvres restées sans acquéreurs : femmes nues, hommes au torse robuste, aux membres nerveux, musclés, merveilles de beauté plastique, souvent productions de jeunesse de l'artiste, dont la place, à son dire, serait plutôt dans un musée ou dans la collection de quelque Mécène généreux, connaisseur éclairé, ami des arts. A côté, se remarquent des réductions de monuments, des groupes, projets modelés à la hâte, en vue d'un concours, et pour qui jamais peut-être ne sonnera l'heure où, triomphalement, par des autorités départementales, aux fiers accents de fanfares locales, qu'accompagnent des discours vibrants de patriotisme et de lyrisme, en grande pompe, elles seront érigées sur des places publiques.

Ailleurs, c'est la caisse à glaise, et diamétralement opposé, le poêle en fonte, énorme fourneau, indispensable l'hiver et un peu en toute saison, les jours où il y a séance de modèle.

Dissimulée sous un rideau, toute une garde-robe achetée au hasard des décrochez-moi çà et des visites chez les brocanteurs les jours de flânerie sans but : des housses de selles pour chevaux se mêlent à des habits de gala de maréchaux du premier empire; des costumes de danseuses coudoient des robes de moines; mélange hétéroclite d'objets disparates, hurlant de se trouver réunis. Aux murs, une panoplie jette une note guerrière dans cet asile paisible : fine épée de parade, rapière de bretteur, couteaux, poignards, baïonnettes et fleurets; pistolets authentiques, révolvers, tromblons, zagaies et armes exotiques complètent un ensemble d'aspect belliqueux, que surmontent casques, shakos et képis.

Près d'un angle, comme honteuse de son tain terni, une glace sans valeur reflète cet intérieur d'une propreté relative, la faute en est au métier, mais dont les divers et nombreux objets qui le meublent ne sont pas sans une disposition, un arrangement agréable à l'œil par une certaine harmonie décélant l'état d'âme de l'artiste.

Ailleurs, fixés à même le mur au moyen de clous, parfois encadrés pourtant, des toiles, des dessins, des gravures, dons de camarades peintres. A côté encore, des assiettes, des plats et des pots, vieux Ne vers, Rouens authentiques, composent, orgueil du maître de céans, une collection de choix, quelquefois de prix.

Le long d'un mur, près du poêle, un canapé, aux ressorts fatigués, où s'affale le modèle aux courts instants de repos et le fauteuil du futur maître où parfois il s'assied pour méditer à l'œuvre en train et rêver... de l'Institut; des chaises pour les visiteurs complètent l'ameublement, sobre en sa simplicité. N'oublions pas les ustensiles de cuisine indispensables aux besoins professionnels du sculpteur : vases en terre cuite, cuvettes servant à gâcher le plâtre, seaux pour contenir l'eau nécessaire à rafraîchir la glaise des maquettes.

Sur un petit bureau, sorte de nécessaire pour la correspondance, sont amoncelés dans un pêle-mêle qui semble justifier qu'« un beau désordre est un effet de l'art », des paperasses nombreuses et diverses : feuillets blancs, journaux quotidiens et revues d'art. Parmi ce fouillis, mêlant sa note vive et poétique, dans un vase aux prétentions artistiques, achève de se faner un bouquet modeste, près de globes, destinés à protéger les objets délicats de heurts dommageables.

C'est dans ce milieu que l'artiste en sculpture reçoit les visiteurs, amis importuns et amateurs pour les commandes. C'est dans cette pièce que sa vie, tout entière à l'art consacrée, s'écoule, à la recherche difficile du beau dans la forme, à la poursuite de rêves parfois décevants, dont la réalisation lui vaudrait la renommée, la gloire, les honneurs et la fortune. C'est là que s'élaborent, lentement, patiemment pour le plaisir des yeux, la satisfaction de l'esprit, les chefs-d'œuvre qui peupleront nos musées, les statues de bronze et de marbre qui orneront nos rues, nos places et nos carrefours.

NOCE PARISIENNE

Il ne s'agit pas d'un de ces mariages aristocratiques, princiers, auquel assiste une partie de la noblesse de France ou le haut commerce parisien, la finance ou le monde industriel, en un mot, ce qu'on est convenu d'appeler le Tout-Paris, en y comprenant la magistrature, les lettres et les arts. Aux quartiers excentriques, rares sont les fêtes de ce genre. Ce qui s'y voit le plus communément, ce sont les unions modestes, simples, dépourvues de tout somptueux apparat, orgueil des grands de ce monde, mariages de petits commerçants, d'employés, d'ouvriers, gens de moyenne bourgeoisie et d'aisance relative. N'importe, pour ce jour qui fait époque dans les fastes de la famille, on veut bien faire les choses. On craint les mauvaises langues du voisinage et l'on est heureux d'exciter l'envie, de piquer la curiosité, de fournir un thème aux conversations des commères d'alentour.

Le plus généralement, ces sortes de cérémonies commencent vers onze heures, mais, dès neuf heures du matin, les voitures louées pour la circonstance arrivent à la demeure des parents de la mariée pour, de là, s'en aller quérir les invités. Leur venue provoque un certain mouvement dans les rues peu accoutumées à voir passer des équipages. Des têtes, curieusement, se montrent aux fenêtres ; puis, pour un moment, le calme se rétablit.

De nouveau, un à un, à intervalles irréguliers, les landaus et les berlines reviennent, déposant à la porte cochère leur contingent de gens de la noce, endimanchés de neuf, en toilettes de cérémonie, qu'à leur démarche souvent gauche, empruntée, on juge peu habitués à porter semblables costumes. Cependant au logis nuptial règne une activité fébrile : coiffeur et couturière se démènent, se hâtent, afin que l'héroïne du jour, la mariée ainsi que ses parents, mère, sœur, soient prêtes à l'heure dite. Les visages s'épanouissent si le clair soleil, par ses rayons, annonce une radieuse journée.

Lorsque l'heure présumée pour le départ du cortège approche, la rue de plus en plus s'anime : des curieux, voisins et badauds, se groupent autour des voitures ; des conversations s'engagent, des lazzis se croisent et l'on entend des rires étouffés, ironiques et gouailleurs. Tout à coup du milieu de la foule des cris s'élèvent : « La voilà! la voilà! » et l'on se presse et l'on se bouscule et chacun se hisse sur la pointe des pieds pour mieux voir. Rougissante, l'air réservé, presque émue, mais paraissant heureuse, la mariée apparaît la première, en toilette blanche, au bras de son père, suivie de près par les demoiselles d'honneur. Chacun monte en voiture et le départ pour la mairie s'effectue. Les garçons d'honneur, à qui incombe le soin de régler le cérémonial durant toute la journée, s'empressent, affairés, dès l'arrivée à l'édifice municipal.

Pour le mariage civil, formalités très simples, presque banales. Les officiers de l'état civil — la faute de l'habitude sans doute — semblent accomplir une corvée. Rien de solennel dans la célébration de cet acte solennel : c'est la simplicité républicaine. Des paroles bredouillées par un personnage à l'air ennuyé ; les questions d'usage posées aux conjoints et, après les réponses affirmatives de ces derniers, des paraphes apposés sur de volumineux registres et c'est tout.

Le mariage religieux est moins expéditif, empreint de plus de grandeur : peut-être que le milieu y est pour quelque chose. Et puis, cet arrêt à la sacristie, où les parents et les amis viennent féliciter les nouveaux époux, apporter leurs souhaits de bonheur, leurs vœux de prospérité, tout cet ensemble a un caractère grandiose, impressionnant, réconfortant. On s'embarque pour le voyage en commun avec ce viatique, sincère ou simulé : l'estime de ceux qui vous connaissent.

Le défilé terminé, les voitures, saluées sur leur parcours par l'admiration des passants, roulent vers le restaurant où a lieu le repas de noce que présideront la cordialité, l'entrain, la plus franche gaieté. Des chansons de circonstance au dessert, célébreront les joies du mariage; une sauterie pleine d'animation, entre gens disposés à s'amuser, suivra.

Une promenade en voitures continue le programme de la journée, tracé d'avance. Et celle-ci s'achève par le dîner qui n'est que la répétition, prolongée, du déjeuner, avec un menu différent, plus substantiel.

Après les toasts, couplets et refrains, aux accords d'un piano touché d'une main exercée, le bal reprend de plus belle. Polkas et valses, mazurkas et quadrilles se succèdent, à la grande joie des jeunes filles présentes, jusqu'à une heure avancée de la nuit.

Mais comme il n'est si bonne et si joyeuse société qui ne se quitte, fête si animée qui ne prenne fin, trop tôt, au gré de la jeunesse amusée, sonne l'heure des adieux, de la séparation. D'ailleurs, à cette heure nocturne, tout repose dans Paris presque silencieux : les boutiques sont closes et les gens dorment. Sur de bruyants bonsoirs, les gens de la noce, par la danse excités, se séparent.

Vœux de bonheur, douce gaieté, joies vives de cette unique et inoubliable journée, aurore d'une vie nouvelle, tels sont les préludes charmants, aimables, prometteurs de jours heureux qui accompagnent toute noce sans prétention, celles de moyenne bourgeoisie, qui ont lieu vers les quartiers excentriques du Paris laborieux.

CHEZ LE COIFFEUR

Le coiffeur des quartiers ouvriers est un modeste artisan. Ancien garçon, il s'est, à son tour, souvent à force de travail, élevé au rang de patron. Dans une rue populeuse est installé l'établissement capillaire, simple, coquet, propre, mais dépourvu de luxe, de ce décor somptueux qui distinguent les brillants *lavatory* des quartiers riches du centre de Paris.

Elles se ressemblent toutes par leur aménagement intérieur, les boutiques de nos modernes figaros, où dans une vitrine sont disposés différents objets de toilette d'une vente et d'un usage courants, au milieu desquels trône le buste d'une femme en cire, à la chevelure artistique, d'une science et d'un goût achevés.

De hautes glaces couvrent les murs, garnis de patères, décorés de chromos symboliques et de tableaux réclames rappelant la profession, primes offertes par les fournisseurs en parfumerie. Le long du mur principal court une tablette de marbre pourvue de cuvettes et surchargée d'instruments professionnels : ciseaux, peignes, rasoirs, brosses et tondeuses ; des pots de pommade, des fioles aux essences diverses, des vaporisateurs achèvent de la garnir ; à une extrémité s'érigent, en leur blancheur immaculée, des piles de serviettes. Des fauteuils aux dossiers à rallonge sont disposés tout près pour recevoir les clients, tandis que, derrière, une table couverte de journaux et de revues leur permettront d'attendre patiemment leur tour. A côté, près d'une tenture dissimulant la pièce réservée aux dames, un petit bureau-caisse où s'installe la patronne du lieu les jours de foule pour faire la monnaie et, dans un angle, un tronc, pour les pourboires des garçons, semble solliciter le décime obligatoire pour toute opération : taille de cheveux ou barbe.

Durant la semaine, le coiffeur a des loisirs ; assez rares sont les clients ; seuls, quelques vieux beaux viennent demander un rajeunissement factice à de savantes teintures, des gens de noce, des maniaques aimant à n'y trouver personne, se font enlever le superflu pileux de leur visage. Le coiffeur profite de ces instants de répit pour s'accorder quelques heures de liberté, pour se livrer à ses sports favoris, s'il est pêcheur à la ligne ou bicycliste, ou encore donnant libre cours à ses talents d'artiste, il prépare les fausses nattes qui, pour les coquettes, répareront

... du temps l'irréparable outrage.

Le vrai jour de travail pour le coiffeur, le jour de presse, c'est le dimanche. Du matin au soir, la boutique ne désemplit guère. Dès l'aube, sitôt les volets enlevés à la devanture, les clients arrivent : ouvriers et bourgeois s'y coudoient, assis en rangs serrés le long du mur, attendant le moment de s'installer aux fauteuils où, empressés, affairés, d'un rasoir diligent, de ciseaux experts, rasent, coupent, taillent, brossent, frictionnent, patron et garçons, eux-mêmes déjà rasés de frais, pommadés, astiqués, pomponnés. Les clients silencieux, peu bavards, pour tuer le temps, lisent, parcourent, souvent d'un œil indifférent les feuilles du jour, l'organe de l'arrondissement, les revues illustrées qui traînent sur la table. Parfois, l'un d'eux fait part à l'assistance du résultat de sa lecture : c'est un fait-divers émouvant qu'il signale, une nouvelle à sensation, un incident comique ou intéressant qu'il narre ou lit même à haute voix ; chacun le commente, tous donnent leur avis. Le coiffeur, comme la plupart de ses confrères, gens d'ordinaire loquaces, entretient, dirige la conversation. Les potins du quartier, la politique courante, surtout en temps électoral, fournissent un thème aux bavardages. Tantôt, c'est un loustic qui, par ses propos, ses lazzis que souvent il colporte ainsi partout, déride l'assemblée, ou encore le coiffeur, tout en maniant ses outils, plaisante l'un de ses clients de vieille date, qu'il sait incapable de se froisser, afin d'amuser la galerie et de la faire patienter. Jusqu'à la nuit et même plus tard, c'est, les jours dominicaux, un défilé ininterrompu de visiteurs, le grand jour des recettes sérieuses pour l'artiste capillaire,

Psychologue malgré lui, par la force de l'habitude, le coiffeur des quartiers populaires possède le secret de retenir sa clientèle dont il connaît à merveille le caractère, les habitudes, voire même les manies. Discret et réservé avec les uns, les inconnus, les nouveaux, tout en se montrant empressé, il est jovial, sans façon, familier avec les autres, avec ceux qu'il sait pouvoir l'être sans danger; il s'informe de la famille, des enfants dont il coupe les cheveux, du travail, de la santé; à chacun il s'efforce de plaire afin de faire tomber les gros sous en son tiroir. Les garçons, de leur côté, imitant le patron, en vue du pourboire habituel, se montrent prévenants, aimables, obséquieux même. A chaque barbe, c'est le coup de peigne aux cheveux et le coup de brosse aux habits. Un bon coiffeur, soucieux de ses intérêts, doit posséder de multiples qualités dont les principales, par nécessité professionnelle, sont la gaieté, l'habileté, le tact.

Une heure passée dans la boutique d'un

coiffeur, au moment où le public afflue, est un spectacle qui en vaut bien d'autres, sans égal même si l'on tient à se faire un jugement sur ses contemporains. Molière, qui s'y connaissait, n'avait-il pas son fauteuil chez un barbier de Pézenas?

FÊTE FORAINE

Du bruit, vacarme, détonations ; des musiques barbares, cuivres et tambours ; de la fumée, de la poussière, d'abominables odeurs provenant du pétrole des machines ou des graisses innommables servant à la confection des frites, crêpes et beignets, sans compter la bousculade inévitable des jours de foule, telles peuvent se résumer ces kermesses qu'affectionne le bon peuple de Paris en ses jours de repos dominical et de liesse, comme distraction à son dur labeur de la semaine.

Sur toute la ligne des arrondissements extérieurs, de Pâques à la Toussaint, se tiennent les fêtes locales de la grande ville. Le point de départ, le centre est généralement une place, un carrefour, autour duquel gravitent, rayonnent sur les artères avoisinantes tout un monde nomade de bateleurs et de saltimbanques qui, en des établissements parfois luxueux, monumentaux, plus souvent simples, même miséreux, présentent les attractions destinées à captiver l'attention des nombreux badauds qui parcourent les fêtes foraines.

Toujours les mêmes, ou à peu près, ces divertissements et exhibitions que, pompeusement, de grandes affiches apposées au préalable annoncent comme nouvelles. Qui ne connaît, pour les avoir plus ou moins pratiqués, ces manèges de chevaux de bois ou vélocipédiques mus par la vapeur, aux orchestres mécaniques; théâtres forains aux pièces naïves et simples, à la portée de l'auditoire qui assiste à ces « grandes et brillantes représentations », de peu d'intérêt, rarement émouvantes, encore moins dramatiques, mais courtes toujours afin de pouvoir en renouveler fréquemment le public, source de recettes copieuses; ménageries et collections zoologiques, dont les sujets, au dire des bonisseurs enroués, sont les plus terribles et les plus féroces fauves de la création; tirs à la carabine d'aspect, de formes variés, afin de capter, en la sollicitant, l'adresse des passants. N'oublions pas les commerçants soi-disant exotiques et dont l'accent rappelle celui des Batignolles ou de Belleville, faux marchands du Levant aux produits orientaux achetés rue Saint-Denis. Enfin, les balançoires, les panoramas, les musées où sont reproduits les crimes et les événements saillants de l'année courante; les baraques de lutteurs, de photographes, de barnums montrant des animaux inconnus ou savants, voire des hommes des bois, des femmes géantes et naines, sans compter de nombreux et parfois ingénieux petits industriels, complètent un ensemble bizarre, toute une population à part, spéciale, le monde des forains ayant ses mœurs, ses habitudes, sa vie propre, logeant dans des roulottes remisées pour la durée de la fête derrière leur établissement et qu'ils traînent de fête en fête.

A ces métiers divers, étranges, fantastiques, les uns, les privilégiés, y font fortune, les autres végètent dans une situation voisine de la misère, au hasard des années heureuses ou malchanceuses. Vie singulière qui n'en plaît pas moins à ces irréguliers de la société parisienne, enfants de la balle ou échoués dans ce milieu par suite de circonstances diverses.

Chaque dimanche que dure la fête, celle-ci bat son plein de deux heures de l'après-midi à minuit. Très mêlés les spectateurs qui se pressent en ces kermesses, mais dont la majorité qui les composent sont les employés, les calicots, les étudiants, en un mot la jeunesse exubérante, amie du mouvement, de l'action, du bruit; de filles en cheveux, de femmes du peuple et surtout d'ouvriers y conduisant leur progéniture amusée par les parades ineptes, les pitreries enfantines des clowns sur les estrades, heureuse au milieu du tumulte, du brouhaha assourdissant des machines et des manèges qui tournent, grondent, grincent, sifflent, halètent, parmi la foule joyeuse, enrubannée de serpentins multicolores, pourvue de mirlitons ou autres instruments de musique en carton.

Sur les trottoirs encombrés de chanteurs en plein vent, la circulation se fait difficilement ; les terrasses des mastroquets regorgent de consommateurs, les cafés sont bondés d'une foule altérée par la poussière, les cris, les chants. Bref, taciturne ou jovial, mélancolique ou gai, jeunes et vieux, chacun s'amuse pour un jour, oisif et badaud ; tous prennent leur part de la joie ambiante, de l'entrain général, divertissement peu raffiné, bruyant, houleux, qu'est la fête annuelle de l'arrondissement.

PÉRIODE ÉLECTORALE

Qu'il s'agisse d'élections municipales ou législatives, l'esprit qui anime les électeurs est généralement le même. Pour les premières, les questions locales, les rivalités de quartier étant en jeu, la lutte, pour être circonscrite, n'en est pas moins vive; pour les secondes, chacun est empoigné par la fièvre universelle qui s'empare des esprits à la veille d'une consultation nationale d'où doit dépendre pour plusieurs années la représentation du pays : bref, les unes comme les autres trouvent peu d'indifférents. A Paris surtout, les abstentions sont rares : tous les citoyens jaloux de faire valoir leurs droits ont à cœur de remplir leurs devoirs civiques.

Quinze jours environ avant le vote, les premières affiches, bariolant les murs, apparaissent; chaque jour amène son candidat et bientôt chaque circonscription en compte une demi-douzaine au moins. Des noms nouveaux, inconnus, imprévus surgissent à l'improviste et, durant la période électorale, les murailles de la capitale appartiennent aux colleurs en dépit des comminatoires *Défense d'afficher*. Pourvus d'un ample pot à colle, porteurs de paquets d'affiches et armés de l'énorme pinceau, insigne de leur profession, pour cette période, ils tiennent le haut des murs qu'ils recouvrent consciencieusement de bandes rectangulaires de papier aux couleurs voyantes, aux tons crus, disposées en long, en large, en diagonale.

L'ensemble a quelque chose de gai, de chatoyant, de pimpant à l'œil. Tous ces carrés de papier de nuances vives faites pour attirer l'attention, chevauchant les unes sur les autres, ont l'air de batailler. En ce steeple-chase d'un nouveau genre, c'est à qui, des candidats, écrasant ses rivaux, arrivera bon premier grâce à des programmes, à des professions de foi plus alléchants que ceux des concurrents. Prometteurs sans vergogne — que risquent-ils s'ils sont élus, ils n'en feront qu'à leur guise : s'ils ne le sont pas, autant en emporte le vent, — à les en croire, s'ils sont élus, certains candidats transformeront le quartier qui les aura choisis pour les représenter et avec eux, en plein Paris, on verra refleurir l'âge d'or des temps antiques; après eux, grâce à la multiplicité des réformes qu'ils se proposent de demander et se flattent d'obtenir, il n'y aura plus de travaux à exécuter, plus de desiderata à formuler : tous les vœux seront comblés. Que de réformes annoncées! que d'abus supprimés! S'il en était ainsi, leur circonscription, enviée du reste de la capitale, deviendrait un Eldorado. Malheureusement, on sait trop ce qu'en vaut l'aune et ce qu'ils feront de leurs mirifiques promesses, devenus édiles ou députés : que ne promettraient-ils pas afin d'enlever les suffrages des naïfs électeurs. Charlatanisme électoral, c'est dans le programme.

***

Un des côtés curieux, parfois triste, d'une élection, donnant la mesure de l'éducation de la foule, ce sont les réunions publiques, le soir, soit au préau d'une école, soit chez un marchand de vin. Vous connaissez peu ou point le candidat qui sollicite votre bulletin de vote. Désireux d'éclairer votre religion, de vous faire une opinion, vous croyez que le meilleur moyen de faire plus ample connaissance avec le futur élu peut-être d'une partie de l'arrondissement, c'est d'aller l'entendre dans une de ces réunions quasi nocturnes au cours desquelles, ainsi que l'annoncent des affiches apposées au préalable, il doit développer son programme. Nenni! Quelle erreur est la vôtre, candide électeur : c'est mal connaître les mœurs électorales de la Ville-Lumière. Une réunion électorale à Paris n'est ni plus ni moins qu'un chahut monstre, une assemblée tumultueuse, houleuse, orageuse d'électeurs parmi lesquels on rencontre jusqu'à des femmes et des enfants. Dans une salle qui, suivant ses dimensions, peut en contenir plusieurs centaines, des citoyens se réunissent dans une atmosphère étouffante, suffocante, surchauffée, et là chacun crie, s'égosille, insulte, injurie à qui mieux mieux, souvent sans savoir pourquoi, pour le plaisir, sous prétexte de fronder. Dans ce vacarme assourdissant, le candidat, impassible, jamais ne se trouble. A la tribune improvisée pour la circonstance, sur l'estrade où siège le bureau constitué de membres de son comité, l'orateur, sans broncher, essaie, d'une voix qu'il s'efforce à rendre puissante, à dominer le hourvari environnant. Parfois, une accalmie se produit. A bout de souffle, le candidat, lui aussi s'arrête, puis la séance, reprenant de plus belle, continue durant des heures, et l'on assiste à ce spectacle curieux, unique, un orateur s'obstinant à parler à un auditoire qui ne veut pas écouter.

Pour clore la réunion, on vote tant bien que mal un ordre du jour quelconque et le public lentement s'écoule, heureux de sa soirée qu'il croit n'avoir point perdue parce qu'il a bruyamment manifesté son opinion. Le candidat, quoique enroué, est enchanté, lui aussi : il a parlé à ses électeurs.

***

Après quelques réunions de ce genre, le jour des élections arrive. Chacun va voter, sauf les mécontents, les indifférents et ceux qui se disent désintéressés. Il y a toujours pour n'importe quelle occasion un parti d'irréductibles.

Les sections de vote sont installées aux préaux des écoles. Dès le seuil de ces dernières, chaque candidat a posté un homme chargé de remettre un bulletin de vote à tout électeur survenant. Dans l'intérieur, deux formalités ont lieu. Si l'électeur n'a pas retiré sa carte, à la mairie, elle lui est remise par une personne préposée à cet effet, dès l'entrée. Puis, à un second bureau, non sans solennité, a lieu le vote, en présence de trois citoyens, ayant chacun leur rôle et investis de la mission de veiller à ce qu'aucune fraude ne se produise, grâce à un contrôle sévère.

A 6 heures du soir, le scrutin étant clos, commence l'opération des dépouillements partiels, dans chaque section. Les votes sont ensuite centralisés à la mairie et dans la soirée le résultat est affiché. Si aucun des candidats ne réunit le nombre de voix nécessaire à l'élection, il y a ballottage et les mêmes opérations, huit ou quinze jours après, seront répétées. La période électorale se trouve prolongée durant laquelle les scènes qui marquèrent la première se renouvellent, mais atténuées, à la grande joie de ceux, commerçants et industriels, pour qui les élections sont une époque bénie, fructueuse en recette; mais à la grande impatience des candidats aux postes convoités, enfiévrés par l'attente et surmenés par un labeur destiné à amener un résultat final conforme à leurs désirs et à leurs espérances.

JOURS D'AUTOMNE

Les rues, les avenues et les boulevards de Paris, à l'automne, prennent une physionomie particulière, un aspect spécial qui caractérise cette saison. Dès le mois d'octobre, les squares et les arbres des voies parisiennes revêtent leur robe automnale. Aux premiers souffles de l'âpre bise les feuilles commencent à tomber, formant une couche sur les tapis de gazon d'émeraude pâlie, que chaque matin des balayeurs enlèvent. Ces luxuriantes frondaisons vertes qui, toute la belle saison, durant six mois, furent l'ornement des jardins publics, font place à des nuances de tonalités différentes : le jaune pâle domine, tandis que par endroits apparaissent les couleurs rouille et cuivre. Certaines essences tardives conservent davantage leur verdure, atténuée cependant. Encore quelques jours et, passé la Toussaint, après les premiers brouillards ou les précoces gelées blanches, la chute des feuilles s'accentuera. Dans les rameaux dégarnis les pépiements et chants d'oiseaux se font plus rares. Depuis plusieurs semaines déjà les hirondelles, ces hôtes aimables, ont déserté nos climats moins hospitaliers. En prévision des jours sombres qui s'avancent, les costumes légers font place aux vêtements plus chauds.

Tout cadrant d'ailleurs avec le paysage environnant prend un certain air mélancolique. Une légère brume estompant les choses contribue à en modifier l'ensemble. Quoique parfois les jours soient encore radieux, le soleil, dépourvu de sa force et de son éclat précédents, communique aux objets un aspect different. Toutefois, lorsqu'elles sont calmes et sereines, embellies de clairs rayons, les gaies journées de l'automne sont toujours les bien accueillies. Assez tôt viendront les mornes et sombres jours, les pluies glaciales du triste et froid novembre, les gelées et les brumes fâcheuses, précurseurs de l'âpre et rude hiver, apportant avec elles tout un cortège de maux sans nombre.

Avec la mi-octobre finit le temps des villégiatures estivales : chacun regagnant la capitale fuit les campagnes désertes et sans charmes. Les écoliers ont réintégré leurs classes et au coin des rues, de nouveau, les marchands de marrons revenus ont, à la grande joie des enfants, rallumé leurs fourneaux.

L'approche de la mauvaise saison a sa répercussion sur les esprits. Si le déclin de l'année communique aux végétaux une sorte de douce mélancolie, l'homme, impressionné sans doute par la transformation du décor accoutumé, éprouve aussi une vague tristesse. Le spectacle de l'automne éveille en général dans les âmes des pensées confuses de regret...

Il faut dire un adieu momentané aux chaudes et belles journées de l'été; seul, demeure le souvenir des joyeuses courses en plein air, des longues et bonnes promenades où l'on était heureux de vivre et, involontairement, à l'évocation d'un passé encore rapproché, ce vers de Baudelaire vous hante la mémoire :

C'était hier l'été, voici l'automne!

Bientôt les arbres dénudés seront en deuil de leurs feuilles mortes, comme les âmes, à l'arrière-saison de la vie, sont en deuil de leurs illusions perdues.

LA TOUSSAINT

S'il est une fête que la population parisienne a coutume d'honorer, c'est bien la Toussaint. Paris, plus qu'aucune autre ville au monde peut-être, professe un culte profond pour ses morts. Chaque année, au premier novembre, les Parisiens, silencieux et recueillis, accomplissent un pieux pèlerinage, une visite annuelle aux tombes des chers êtres disparus. Généralement, étant donnée la saison, le ciel, sombre et gris, semble se voiler de tristesse et s'associer, lui aussi, en ce jour de deuil, aux douleurs humaines.

Pour cette funèbre solennité, les abords des cimetières, dès la première heure, présentent l'aspect de marchés aux fleurs. Les devantures de marbriers sont encombrées de fleurs et de couronnes. Des marchands ambulants pourvus de charrettes ou de paniers garnis de gerbes de chrysanthèmes et de bottes d'immortelles occupent de larges emplacements et trouvent de nombreux acquéreurs. La journée sera bonne pour ces avisés petits commerçants, car chacun fait ample provision de fleurs avant de pénétrer dans les nécropoles et dont, souvenirs fleuris, ils ornent les tombes aimées. Par les allées funéraires, soigneusement entretenues, venant s'incliner et prier pour ceux qui leur furent chers, au milieu des monuments aux formes variées, des colonnes brisées, des temples minuscules et des grillages dont la toilette fut récemment faite, c'est un va-et-vient continuel, lent défilé de gens en deuil. Pour un jour, ces champs du repos s'animent, les fleurs sont renouvelées dans les vases, on remplace les couronnes fanées; de la vie plane sur la mort...

Le culte des morts est un culte éternel. Tous les peuples de l'antiquité ont honoré les trépassés. Les Grecs, ces amoureux du beau, appelant à leur aide l'architecture et la sculpture poussaient jusqu'au luxe la décoration de leurs tombeaux environnés de plantes et d'arbustes chers aux défunts.

Les Romains, jaloux d'attester la grandeur de leur race, conservaient dans leurs demeures les cendres et l'image de leurs ancêtres. Ils nous ont légué le goût des mausolées et ceux que la fortune favorisa confient au marbre leurs dépouilles mortelles et le soin de leur assurer ici-bas, l'éternité...

Un peu de curiosité se mêle parfois aux visites rendues aux nécropoles parisiennes. C'est ainsi que dans certains cimetières la foule, chaque année, se presse aux monuments qui renferment les restes des hommes célèbres, autour des colonnes commémoratives et des pyramides patriotiques. Parfois des délégations s'y donnent rendez-vous et des discours y sont même prononcés et c'est par centaines de mille que se chiffre le nombre des visiteurs aux cimetières parisiens *intra* et *extra muros*.

Vers le soir le retour s'effectue, plus bruyant que l'aller. Les marchands de vins voient leurs établissements envahis par des clients que plusieurs heures de grand air ont altérés; les enfants, impressionnés par la tristesse des lieux visités, se rattrapent d'une immobilité forcée de quelques heures en courant le long des routes et des rues; les femmes babillent. Pour rentrer au logis, tous les moyens de locomotion sont utilisés et la nuit, vite venue à cette époque de l'année, s'est faite depuis longtemps que les stations énervantes se prolongent encore derrière les tramways et les omnibus.

La Toussaint! Jour unique de l'année aux défunts consacré, pour cette pieuse coutume fidèlement observée, Paris, faisant trêve à ses plaisirs, tandis qu'aux églises, semblable à un lamento, retentit le glas funèbre, se porte aux cimetières où, dans la tombe, les générations précédentes dorment leur dernier sommeil.

EN GARNI

Les hôtels à Paris peuvent en quelque sorte se diviser en trois catégories : il y a les hôtels princiers, luxueux, à l'usage des souverains ou même simplement des grands de ce monde; aménagés à la moderne, ils renferment tout le confort désirable. Par antithèse, les hôtels borgnes, ceux des quartiers pauvres sont le refuge de l'humaine misère, mais, entre les deux, se trouve celui qu'on pourrait appeler l'hôtel moyen, pour la bourgeoisie, les gens aisés.

Celui dont nous voulons esquisser la physionomie, le plus commun d'ailleurs, c'est l'hôtel borgne, souvent bouge, facilement reconnaissable dans les arrondissements ouvriers, portant inscrit sur sa façade le nom de l'un de nos départements, à porte basse, étroite, surmontée d'une lanterne qui, allumée le soir, éclaire jusqu'à une certaine heure de la nuit.

Dès l'entrée, une pièce propre arrête : là se trouvent, sur un tableau, près de la porte, les clefs des diverses chambres auxquelles conduit généralement un long couloir sombre, aux parois humides. A son extrémité prend naissance un escalier conduisant aux étages supérieurs. Le plus souvent une cour se trouve derrière, parfois ornée d'un minuscule et anémique jardinet. De cette cour, lorsqu'elle existe, d'autres escaliers, d'une propreté relative, mènent à des chambres numérotées, parfois en nombre infini, car tout espace est utilisé, converti en pièces, chambres ou cabinets meublés, à condition cependant que les règles les plus élémentaires de l'hygiène et de la salubrité soient observées, car le service des garnis ne plaisante pas sur ce chapitre. Des visites régulières sont effectuées et de fond en comble l'hôtel est parcouru, minutieusement visité dans ses moindres recoins.

Si la façade extérieure présente une certaine apparence, les murs lépreux de l'intérieur avec leurs morceaux de plâtre détachés par endroits sous l'action de la pluie et de l'humidité, dénotent plutôt un aspect piteux, sordide avec leurs linges minables séchant, pendus aux fenêtres.

Toutes les chambres en enfilade le long des couloirs emplis d'enfants, de chiens et de chats, aux murs noirs, suintant, distillant l'ennui, la misère, la pauvreté, porte chacune un numéro d'ordre. L'ameublement qu'elles contiennent est des plus sommaires : un lit en fer ou en bois, suivant le prix de location, une garniture peu luxueuse, avec une petite table en bois blanc supportant la cuvette et le pot à eau, une ou deux chaises de paille, parfois un fauteuil d'occasion échoué là après de multiples avatars; une petite armoire ou une commode au marbre en plusieurs morceaux: aux murs, du papier à très bon marché souvent s'effilochant et une glace plus que modeste ayant pour voisine une gravure encadrée, sans valeur, rebut des magasins de bric-à-brac. Néanmoins, la patronne — souvent tenancière de l'établissement, son mari s'occupe de la buvette presque toujours adjointe à ces lieux — met son orgueil à ce que les rideaux des fenêtres soient blancs, le parquet tenu proprement grâce à des lavages répétés et les escaliers balayés avec soin. Chaque semaine, le samedi, le linge de toilette est renouvelé.

C'est dans ces locaux à la promiscuité fâcheuse que logent, se nichent de nombreuses familles ouvrières, trop pauvres pour acheter les quelques meubles nécessaires à l'installation d'un chez eux; les ménages irréguliers, les célibataires, volontiers, élisent domicile en ces hôtels parfois mal vus du voisinage et de la police étroitement surveillés, car les disputes, les scènes violentes, voire les rixes ne sont pas rares entre les locataires, gens pour la plupart grossiers, alcooliques souvent, presque toujours abrutis par la misère et les privations. Dans la cage de l'escalier une odeur de cuisine monte et demeure avec des relents aux provenances diverses et cela malgré une aération constante de l'immeuble. Les prescriptions hygiéniques sont souvent violées en ce milieu navrant. Et cependant telles sont les difficultés pour beaucoup de se créer un chez eux, le *home* indispensable à toute créature humaine, que les hôtels, quels qu'ils soient, regorgent de locataires, population mêlée, variée, bizarre d'ouvriers et de gens aux métiers quelconques, parfois même sans profession avouable.

Tels sont, en général, les garnis des quartiers excentriques, que sous le nom d'établissements de premier ordre, au dire de prospectus intéressés, d'habiles commerçants, sous l'œil vigilant de la Préfecture de police, exploitent par milliers dans Paris.

AU MONT-DE-PIÉTÉ

Dès l'entrée, ceux à qui l'accoutumance n'a point rendu ces lieux familiers, se sentent singulièrement impressionnés. Les abords de n'importe quel mont-de-piété n'ont rien d'engageant : des murs nus, constellés d'affiches tranchant par leur blancheur sur le fond sombre, morne et triste, des portes s'ouvrant sans bruit, au bout de longs couloirs déserts. Dans une première salle, des employés silencieux, griffonnant d'un air ennuyé, semblent accomplir une corvée : il est vrai que le local où ils se tiennent n'a rien de folâtre. Et puis, ce défilé ininterrompu, au long des jours, sombre et lugubre monôme des gens que la misère conduit là, n'a rien de bien récréatif.

Assez curieux en sa tristesse parfois navrante, ce public des monts-de-piété. Il est vrai de dire qu'il n'y a pas que les déshérités de la vie, les ouvriers sans travail, au chômage forcé condamnés, et les familles atteintes par la détresse qui fréquentent ces lieux; on y rencontre aussi des gens qu'il est convenu d'appeler « comme il faut », et qu'une gêne momentanée oblige de recourir à ce genre d'expédient. Néanmoins, il est avéré que la classe ouvrière, les petits salaires, fournissent la majeure partie de la clientèle de ces établissements, qui, paraît-il, ont leurs fidèles, des habitués, presque toujours les mêmes, à quelques exceptions près.

La quinzaine tarde-t-elle, la maladie, le chômage se sont-ils fait sentir? Le pauvre logis renferme quelques pièces, certains objets d'une valeur relative, mais sur lesquels le mont-de-piété avancera une petite somme. Vite, on court, suivant l'expression vulgaire, les porter *au clou.* On les dégagera lorsqu'on le pourra, quitte à recommencer ensuite. Et souvent, malheureusement, pourrait-on ajouter, ce sont les enfants, les fillettes de préférence, que l'on charge de ce soin. La mère, honteuse de se montrer, de peur des voisins, des connaissances qu'elle peut rencontrer, n'ose se hasarder à franchir le seuil de ce temple du prêt temporaire; l'enfant, elle, passe inaperçue.

A la file indienne, à la queue leu-leu, chacun, chargé de paquets, de ballots ou d'objets de moindre dimension, attend son tour, passif et résigné, devant un guichet qu'un employé, de temps en temps, relève afin de prendre les objets sur lesquels se fera le prêt. Un jeton en cuivre portant un numéro est remis à chaque arrivant qui défile devant un autre employé chargé de lui remettre en même temps que la somme versée une reconnaissance, qui, elle aussi, pour une somme minime, à son tour, pourra être engagée et sur laquelle figurent le nom, la profession de l'engageur et la nature des objets engagés.

***

Tous inconnus les uns des autres, les visiteurs cependant se regardent d'un air gêné, contraint, avec méfiance, et sur bien des visages se lit parfois la souffrance, les privations, la misère. Il faut voir les expressions multiples qui s'y reflètent. Avant l'engagement, se peignent l'anxiété, l'angoisse, la crainte. Auront-ils la chance que ce qu'ils apportent sera accepté? Quelle somme va-t-on leur proposer? Une détente se produit lorsqu'ils peuvent emporter, après formalités toutefois, car là comme dans toutes les caisses publiques, à tous les guichets où l'argent joue un rôle, les formalités sont de rigueur. Les pauvres diables qui fréquentent les monts-de-piété doivent justifier leur identité par des pièces probantes, pour obtenir les quelques pièces d'argent données en nantissement de leurs gages. Tout autres sont ceux qu'un refus accueille. Accablés, ils remportent piteusement, avec soin renfermés dans l'enveloppe exigée, linge, caisse ou boîte, les objets non acceptés qui, à leurs bras fatigués, endoloris, semblent plus lourds, et c'est d'un pas traînant qu'ils gagnent la porte de sortie.

Par contre, au guichet des dégagements, les visages paraissent plus heureux, presque joyeux, c'est signe qu'au logis règne une aisance relative : ils sont fiers de rentrer en possession de ce qui leur appartient, après, bien entendu, de nouvelles et indispensables formalités.

Tels qu'ils existent, cependant, et malgré les attaques dont ils sont l'objet, ces établissements, en dépit des critiques qu'ils peuvent soulever, par un certain côté spéculatif, basé sur l'exploitation de l'humaine misère, ont néanmoins du bon. Sous un semblant de charité, et grâce à un prélèvement modique, que de détresses n'ont-ils pas soulagées, que de misères atroces grâce à eux furent adoucies. Bien des gens leur ont dû peut-être de ne pas s'abandonner à un fatal désespoir ou même de mourir de faim.

UNE BIBLIOTHÈQUE POPULAIRE

Il existe dans nombre de quartiers de Paris des établissements connus sous le nom de bibliothèques populaires. Ces associations ont pour but de procurer aux adhérents et à leur famille tous les livres nécessaires à leur instruction ou à leur délassement. La lecture, de jour en jour, devient chez le peuple, à mesure qu'il s'instruit, un besoin auquel il consacre les longues soirées de l'hiver. Les bibliothèques populaires sont là pour satisfaire ce goût louable et elles le font sans bruit, sans tapage, sans réclame, discrètement, ainsi que s'accomplissent les œuvres utiles.

Les débuts de ces sortes d'établissements sont généralement des plus modestes. Quelques personnes, amies de l'instruction ou passionnées pour la lecture et cherchant à donner libre cours à leurs idées philanthropiques ou à satisfaire un penchant, s'associent. Seules, il leur serait difficile de réaliser leurs désirs : l'association leur permet de le faire. Des dons, des subventions, des cotisations leur fournissent les moyens de former un noyau de dépôt de livres. Une active propagande leur amène des adhérents et tant sont grands chez le peuple le goût de la lecture, le besoin de s'instruire, même à tout âge, que bientôt, aidé des pouvoirs publics, l'établissement, embryonnaire à ses débuts, se développe et souvent prospère. Un local est loué et une nouvelle bibliothèque fonctionne, ayant son président, son secrétaire, son bureau d'administration, ses statuts et règlements, qui, de tous, devront être respectés, en un mot, son organisation, sa vie propre.

L'intérieur de ces établissements, l'aspect de la salle? Oh! des plus simples et toutes sont installées sur un modèle commun. Le luxe de ces lieux n'est pas dans le décor : il consiste dans les richesses bibliographiques symétriquement disposées autour d'une pièce quelconque, sur des rayons fixés aux murs de couleur sombre. Par milliers et de tous les formats, mais uniformément reliés, les volumes s'alignent dans une belle ordonnance, un ordre, un soin parfaits; ils sont l'orgueil du bibliothécaire, choisi parmi les sociétaires et rétribué. Des balustrades placées en avant des rayons en défendent l'accès au public. Une pendule anime de son tic-tac monotone et régulier ce milieu exhalant une odeur de vieux papier et d'encre d'imprimerie et dont la sévérité est tempérée par des bustes et des objets d'art placés dans les encoignures.

Le principe des bibliothèques populaires est celui qui régit les sociétés coopératives et leur devise pourrait être : chacun pour tous, tous pour chacun. En effet, les nombreux sociétaires qui les composent forment une vaste famille intellectuelle : ayant adhéré aux statuts et règlements de la bibliothèque, ils ont voix délibérative au chapitre et participent en quelque sorte au conseil d'administration en ce sens qu'ils peuvent formuler sur un registre spécial, mis à leur disposition, leurs vœux et leurs désiderata. De plus tous les sociétaires jouissent du droit de vote aux assemblées générales.

Moyennant une faible cotisation mensuelle, destinée à l'achat de volumes nouveaux et aux frais généraux de l'association, chacun peut devenir sociétaire. Cette qualité donne droit au prêt temporaire des ouvrages composant la bibliothèque : livres de sciences, de voyages et de vulgarisation, attrayants et instructifs, romans des maîtres écrivains; là, se trouvent également de nombreux ouvrages concernant l'histoire nationale et étrangère, la géographie, les classiques de tous les temps et de tous les pays; des traités technologiques et professionnels, de littérature, prose et poésie, ainsi que des recueils périodiques et des collections pittoresques qui se recommandent par leur mérite; en un mot, on trouve dans ces dépôts tous les livres, chefs-d'œuvre de la pensée humaine, qui habituent à penser ou qui peuvent éclairer, instruire, moraliser et faire un contre-poids salutaire aux élucubrations malsaines ou niaises de la plupart des publications dites populaires.

D'ailleurs un soin rigoureux préside au choix des ouvrages à admettre, de même que la distribution est faite sagement suivant l'âge, la situation du sociétaire, par un employé poli, affable et consciencieux.

Dans l'œuvre de progrès et d'élévation morale entreprise par les bibliothèques populaires, ajoutons qu'elles ne se bornent pas à prêter des livres. Chaque hiver, de novembre à mars, des conférences y sont données par des personnes compétentes. Très intéressantes, ces réunions sont fort goûtées d'un public de quartier, ouvriers et petits commerçants, qui les suivent assidûment. Histoire, géographie, relations de voyages, littérature, auditions artistiques, questions sociales ou philosophiques, tels sont en général les sujets hebdomadairement traités par les conférenciers. Parfois des excursions, des visites aux monuments parisiens viennent corser, au cours de l'année, le programme varié, attrayant, que les bibliothèques populaires offrent gratuitement à leurs lecteurs.

N'est-ce pas plus qu'il n'en faut pour justifier l'utilité de ces centres littéraires et scientifiques destinées à l'instruction et à l'éducation du peuple?

FIN D'ANNÉE

Chaque année à Paris, aux approches de Noël, sur différentes voies, notamment les grands boulevards, des baraques s'installent, où les tenanciers débitent toutes sortes d'objets et d'articles variés, tandis que, dans la rue, le camelot badin offre aux promeneurs les jouets populaires, nouveautés de la saison qui, essayés sur le trottoir sec, excitent la curiosité des badauds et les convoitises des enfants en attendant qu'ils fassent leur joie. Au long des rues clament les voix de ces industriels en plein vent cherchant à attirer l'attention sur leurs produits.

A certains endroits se tient ce qu'on pourrait appeler la foire du nouvel an. Sur les emplacements où, le long de l'année, eurent lieu les fêtes foraines, des baraques de saltimbanques élisent domicile : manèges de chevaux de bois et vélocipèdes, tirs à la carabine et établissements divers de mince attraction. C'est un curieux spectacle que de voir et d'entendre, par un froid aigu, ces sortes de kermesses jeter une note vive et joyeuse parmi la tristesse des choses ambiantes à cette époque de l'année :le temps n'est plus aux fêtes et divertissements publics en plein vent.

Les jours qui séparent Noël du jour de l'an voient aussi apparaître des vendeurs particuliers. Ce sont les marchands de gui, la plante sacrée du Noël gaulois. On sait le rôle que ce parasite coupé sur les chênes druïdiques jouait chez nos ancêtres.

Aujourd'hui, la tige de gui avec ses petites feuilles toujours vertes et ses fleurs d'un blanc pâle font l'ornement de plus d'un logis. Elle a suscité plus d'une jolie légende. Les vieilles coutumes ont la vie dure. Grâce à certain renom de bonheur que le gui procure, nous verrons longtemps encore circuler par les voies parisiennes les modestes marchands transportant sur une gaule disposée horizontalement la plante chère à nos aïeux. Et les maisons des riches comme celles des pauvres continueront à se décorer des bouquets sauvages de la plante hivernale, qui y resteront souvent accrochés une partie de l'année.

La fin de décembre voit se perpétuer la coutume des étrennes. C'est un long défilé de gens intéressés venant vous souhaiter la bienvenue pour l'année qui arrive et solliciter votre générosité, depuis l'humble facteur qui vous remet le calendrier de l'année nouvelle jusqu'au concierge de l'immeuble que vous habitez.

Les fêtes de Noël et du jour de l'an comptent parmi les plus généralement célébrées. Pour un instant, repos forcé, elles interrompent le cours ordinaire de la vie, dont elles sont une des distractions obligatoires et entretiennent chez tous l'urbanité, la gaieté, la verve française.

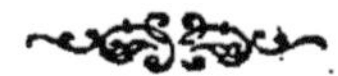

LES FÊTES DE L'HIVER

S'il est des fêtes généralement observées à Paris, ce sont bien celles de l'hiver. Après avoir travaillé toute la semaine, l'ouvrier, l'employé, le commerçant sont aises d'oublier les ordinaires soucis de la vie en des réunions de familles intimes et cordiales.

De ces quantièmes jadis scrupuleusement célébrés, d'aucuns, legs du moyen âge tombés en désuétude, sont de moins en moins suivis : ils disparaissent de nos mœurs. C'est que ces manifestations, trop souvent répétées, perdent de leur intérêt; telles sont, parmi ces dernières, la Sainte-Catherine, fête des jeunes filles « qui ne l'ont pas encore coiffée », et la Saint-Nicolas pour les enfants et les jeunes gens célibataires. Ces dates, autrefois mémorables, sont aujourd'hui passées de mode. Sainte-Cécile n'est plus guère davantage fêtée par les fervents de l'harmonie. Cependant la Sainte-Barbe est toujours en honneur dans les casernes : il est juste de dire que nos braves troupiers ont pour cela une raison majeure, car elle donne lieu à des démonstrations augmentant le menu de l'ordinaire, et à une libéralité plus grande. Dans le même oubli est tombé saint Éloi, patron des orfèvres et des forgerons, qu'on célébrait il y a quelques siècles avec éclat, non seulement à Paris, mais aussi dans toute la France. Chaque corporation d'artisans avait alors son protecteur, glorieux ou inconnu, que religieusement on honorait, à date fixe, et ce jour amenait un repos obligatoire qu'on employait à des réjouissances en commun : copieux repas et libations répétées.

Bien peu de corps de métiers ont conservé ces coutumes d'antan. Chaque siècle, chaque époque possède ses mœurs, différentes des précédentes. Aujourd'hui nombre de professions donnent des bals dits de société, parfois précédés d'un banquet : ces assemblées remplacent les fêtes corporatives de jadis. Décembre et janvier sont les mois favorables à ces manifestations particulières. Le temps d'ailleurs s'y prête; il fait généralement froid et l'on peut à merveille se livrer avec entrain, avec ardeur, aux plaisirs de la danse, aux ébats chorégraphiques, distraction préférée des jeunes gens des deux sexes. Vers minuit, aux sons d'un brillant orchestre, dans un vaste hall, le bal, bruyant, animé, joyeux, bat son plein et souvent se prolonge jusqu'au moment où les premières lueurs de l'aube naissante font pâlir le gaz des lustres ou la lumière électrique des girandoles.

Mais en ces mois bénis du riche, et du pauvre redoutés, d'autres fêtes, d'un caractère plus universel, offrent un prétexte à une liesse générale : tels sont Noël, le Jour de l'An et les Rois, que la tradition a consacrés. Elles remontent si haut dans l'histoire des peuples qu'elles font, en quelque sorte, partie du patrimoine de l'humanité.

A tous, ces trois fêtes évoquent les plus aimables souvenirs d'enfance : anniversaires ramenant de douces et suaves émotions. Pour bien des gens, la nuit de Noël est une nuit blanche. D'abord la veillée durant laquelle on attend l'heure de la poétique cérémonie de minuit. Les messes de minuit, dans les églises paroissiales, attirent toujours une foule nombreuse; elles présentent, en plus de l'attrait mystique suffisant pour les fidèles du culte, un spectacle souvent somptueux à la foule parisienne, et un véritable régal artistique aux dilettanti de musique sacrée.

A côté des Noëls mystiques et conformes à la coutume des âges pieux, le Paris profane, dans tous les quartiers, réveillonne. Le réveillon, fidèlement observé encore dans bien des familles au retour de la messe nocturne, a toujours de nombreux adeptes; les rues, cette nuit-là, offrent jusqu'à une heure fort avancée une animation inaccoutumée : les magasins, restés ouverts pour la plupart, scintillent; les cafés et les restaurants, brillamment illuminés, regorgent de clients. La tradition du boudin, mangé tard contre toutes les règles de l'hygiène, est l'une de celles auxquelles le pantagruélisme reste le plus profondément attaché, aussi la fête de Noël est-elle restée vraiment populaire.

Les enfants, eux, se sont endormis en songeant qu'ils trouveront le lendemain les présents que le petit Noël leur aura apportés pendant la nuit. Et, au réveil, après des rêves d'or, le cœur haletant, les yeux dilatés par l'émotion, empressés, ils se hâtent de courir à la cheminée où, dans leurs souliers soigneusement disposés près de l'âtre, reposent les cadeaux désirés.

Dans leurs souliers, les hommes ne trouvent que les douleurs, les tristesses des chemins parcourus; mais le souvenir des joies naïves du jeune âge fait moins rude pour un instant la route qu'il faut poursuivre...

Quant au Jour de l'An, c'est la mise en pratique du proverbe connu : « Les petits cadeaux entretiennent l'amitié. » Or, l'amitié étant une chose rare et précieuse, il ne faut pas la négliger. C'est pourquoi on a inventé un jour par an où le petit cadeau est presque obligatoire. Aussi lorsque arrive le premier jour de l'année nouvelle, c'est, entre parents et amis, des visites réciproques avec des échanges d'étrennes et de souhaits de bonheur, vœux de santé et de prospérité : les uns sincères, les autres simulés.

Ce jour de l'an amène une trêve dans le labeur quotidien et jette un peu de rêve, de poésie dans la vie ordinaire. A l'aurore d'une année qui commence, on se plaît à la concevoir belle, plus favorable que celle qui la précéda, et pour les siens, pour ses proches, on se laisse aller à l'espérance de jours meilleurs, l'espérance si chère au cœur des hommes...

La fête des Rois provoque également des réunions, entre parents ou entre amis. Elle fournit l'occasion d'un dîner en famille avec, au dessert, la traditionnelle galette, énorme, chaude, dorée, qui, solennellement, est apportée sur la table à la grande joie des enfants et aux applaudissements de tous. En autant de morceaux que l'assistance compte de convives, elle est découpée, puis chacun choisit une part, anxieux de ce qu'elle peut contenir, car avec soin, un *petit baigneur* en porcelaine — remplaçant la fève d'autrefois — a été dissimulé dans la pâte.

Celui ou celle à qui il échoit devient le roi ou la reine de la soirée : roi, il choisit une reine parmi les jeunes filles ou les dames présentes; inversement, la reine fait choix d'un roi. Et l'on trinque à la santé de ces royautés éphémères qui durent, exemptes de soucis, à l'abri des révolutions, l'espace d'un repas.

En résumé, ces usages ont du bon, en ce sens qu'ils contribuent à entretenir l'affection, qu'ils font éclore la gaieté, la cordialité, l'entrain.

Ces joies pures, ces plaisirs innocents, qui rendent heureux quelques instants et font trouver les heures brèves, qui ne les a goûtés et qui ne les retrouve parfois encore, écho de nos plus aimables et de nos plus chers souvenirs.

THÉATRE DE QUARTIER

Dans les parties excentriques de Paris, vers les fortifications, il existe des théâtres qui prennent le nom du quartier au centre duquel ils sont installés. Ils diffèrent, dans une certaine mesure, des somptueux établissements dramatiques du centre de la capitale. Mais cette décentralisation artistique à l'usage des petites bourses, des gens du peuple, est fort curieuse à plus d'un titre. C'est la physionomie de l'un d'eux que nous allons esquisser, son originalité que nous allons étudier, car, qu'il s'agisse de Grenelle, de Montparnasse, des Batignolles ou de Belleville, chacun de ces théâtres a des airs de famille communs à tous.

La rue dans laquelle est situé le théâtre de quartier est celle du Paris ouvrier, population laborieuse, active, aux sensations peu aiguisées, primitives parfois, et qui, après une journée de travail acharné, souvent pénible, va chercher à la scène des illusions en même temps qu'une distraction méritée.

Aux abords du théâtre, qui, souvent, les aide à vivre, s'ouvrent les devantures béantes des marchands de vins, dont l'intérieur rutile de clartés, où, sous l'effet des lumières, reluisent et scintillent verreries, bouteilles et flacons. Bien avant huit heures, dès l'ouverture du bureau, un public particulier, assidu de ces représentations, se dirige vers l'entrée du théâtre; volontiers il stationne à la porte, peu pressé d'entrer, lorsqu'il est certain d'être bien placé. Cependant, là comme ailleurs, il arrive quelquefois qu'on y fait queue : ce sont les soirs de grande première, lorsque le spectacle, nouveau, rare pour le lieu, y attire la foule. Notons que la clientèle change tous les soirs. Les habitués, méthodiques en leur existence régulière, ont leur jour de spectacle comme ils ont leur jour de visite ou de réception, entre amis.

Généralement, en semaine, on remarque, de préférence, des commerçants du voisinage qui vont là en famille et qui y sont chez eux, des petits employés, des garçons bouchers à la blouse de tissu quadrillé, indice de leur profession, et des calicots en rupture de rayons : les ouvriers les fréquentent surtout les samedis de paie et les dimanches. Ils s'installent, ayant, peinte sur leurs visages, une joie contenue, heureux d'avance du spectacle auquel ils vont assister. Les bourgeois eux se montrent fiers de la place louée cher, de la loge prise pour se faire remarquer, par gloriole, pour écraser de leur supériorité d'autres voisins occupant des places moindres. Enfin, n'importe quel jour, des silhouettes nettement accusées, des visages aux expressions farouches, se profilent sur les murs de couleur sombre et crue. Ces gens, le dos bombé, les coudes sur les balustrades au velours usé, fané, crasseux, sont souvent accompagnés de filles en cheveux, qui, aux entr'actes, fredonnent par les couloirs et les escaliers.

Public singulier, curieux en sa diversité. Les spectateurs des galeries supérieures tranchent par leur tenue bruyante, sans façon, malgré le municipal de service placé là pour veiller au bon ordre, avec les gens paisibles des fauteuils d'orchestre et des baignoires. De ce milieu, des toilettes excessives jettent leur note criarde et excitent la jalousie de l'amphithéâtre d'où parfois tombe un projectile malencontreux, d'où partent des apostrophes. De là aussi, à l'adresse des artistes, des exclamations se produisent, lorsque ces derniers exagèrent leur émotion afin de chatouiller la fibre sentimentale des auditeurs ; puis, des silences plats auxquels succède une hilarité générale provoquée par un dialogue bouffon ou par l'entrée d'un personnage comique. Celui-là est le héros de la soirée, le plus fêté des artistes de l'endroit : on trouve toujours qu'il joue bien.

La multitude composant la salle exprime les impressions les plus diverses. Les scènes violentes empoignent les spectateurs et font se crisper les visages ; aux passages passionnants, palpitants, les respirations s'arrêtent sur une tirade à effet qui met les mouchoirs aux mains des femmes et des personnes sensibles, mais le calme cesse sur un quolibet, une réplique inattendue, et les bravos éclatent.

Cependant il est un point commun sur lequel l'auditoire entier est d'accord : c'est le rire. Tout est prétexte à rire, depuis le commencement jusqu'à la fin, à propos de tout et de rien. Un mot plaisant, un lazzi familier, une expression de langage courant placée à propos par un comédien facétieux, fait courir des murmures de gaieté générale, déchaîne des tempêtes de fou rire, excite une grosse joie débordante. Et ceci s'explique par ce fait que le public de ce milieu, incapable de goûter des finesses quintessenciées ou d'analyser des subtilités psychologiques, vient chercher là de l'émotion qui le remue ou une franche gaieté qui détend les nerfs. Voilà pourquoi le gros drame populaire plaira davantage à ces spectateurs que la fine comédie de mœurs.

Un acteur qui, victime de l'indignation unanime de l'auditoire, ne recueille que des huées, voire des injures, c'est celui qui remplit les rôles de traître dans les sombres mélodrames joués de préférence dans les théâtres de quartier. Si les femmes et les jeunes filles s'intéressent particulièrement au jeune premier, amoureux sympathique, si à lui vont les applaudissements frénétiques, les personnages antipathiques, par contre, sont l'objet de la réprobation générale, et des galeries supérieures, à son intention, descendent les invectives et parfois les menaces avec les sifflets.

Le spectacle fini, quand le vice a été puni et la vertu récompensée, lentement la salle se vide. Dehors, dans la rue déserte, rendue plus sombre par contraste avec l'éclairage du théâtre, les commentaires vont leur train et jusqu'à la maison, on parle de la pièce; on en parlera encore le lendemain aux repas, en famille.

Ces petits théâtres de quartier ont du bon puisqu'ils procurent, pour une somme modique, à ceux qui peinent dur et ferme, au long des jours, quelque réconfort et leur donnent, sur des tréteaux sans prétention, l'illusion de la vie, d'une vie à laquelle ils ne sont pas mêlés, avec ses conventions sociales, ses tristesses physiques et morales, ses résignations, ses amertumes, ses douleurs et ses joies.

JOURS DE PLUIE

Depuis des jours, depuis des semaines, la pluie, lamentablement, tombe sur la ville déjà noyée sous des torrents d'eau qui, tout le jour, toute la nuit, sans trêve, désespérément, lavent le pavé, les maisons, les arbres aux branches dégarnies, humidifiant toutes choses qui, sous ce ciel gris et bas, aux nuages lourds, s'estompent d'une teinte de tristesse mélancolique.

Qu'elles sont moroses, en effet, ces sombres journées d'hiver, par un temps de pluie diluvienne, très courtes avec leurs matins finissant tard et leurs soirées interminables, commençant tôt.

Dans les rues, les avenues, les boulevards, sous les trombes d'eau violemment poussées par le vent qui déferle et cingle, les passants, mal protégés de leurs parapluies, se hâtent d'un pas pressé vers leurs logis ou à leurs affaires. Les cochers, en quête de clients, d'un fouet impatient, tout en maugréant contre la pluie maussade, stimulent leurs haridelles. Les sergents de ville s'abritent de leur mieux au pignon d'une maison garantie du vent malencontreux, tandis que sous les portes cochères, hospitalièrement ouvertes, les pauvres hères attendent patiemment que l'ondée furieuse soit passée. Les gamins, eux, avec l'heureuse insouciance de leur âge, riant de tout, courent et barbotent, malgré la tempête. Les commerçants, taciturnes, derrière les vitres de leurs magasins, regardent tomber la pluie, cause de maigres recettes et, navrés, voient circuler les passants, clients possibles, que la pluie rend pressés.

Les incidents comiques ne manquent point. Ici, c'est un parapluie récalcitrant qui, refusant ses services à son propriétaire, se retourne; plus loin, un chapeau s'envole loin du chef qu'il recouvrait; une voiture, lancée à toute vitesse, vous éclabousse; un barbet, affreusement crotté, s'essuie aux jambes de pantalon d'un monsieur correctement vêtu, qui conserve son élégance, en dépit du mauvais temps.

Parfois, une accalmie se produit dans ce déluge; de courte durée, souvent, car bientôt, de nouveau, les éléments déchaînés, aux pauvres gens peu pitoyables, font rage et hurlent. La cime des arbres siffle et se tord dans l'espace rayé de gouttes de pluie ou tendu de larges nappes d'eau s'abattant en rafales sur le pavé parfaitement lavé ou sur le sol détrempé, boueux.

En présence de ces pluies prolongées, interminables, se renouvelant chaque jour, l'on se prend à regretter l'hiver au froid âpre et dur, la bise cinglante mais sèche, la neige même, pourtant incommode et désagréable, le sol durci par la gelée. Et l'on vit avec l'espoir de jours meilleurs, à tous propices, d'un prochain printemps, radieux, ensoleillé, qui nous délivrera de ces pluies malsaines, véhicules de miasmes pernicieux, propagatrices de maladies sans nombre.

JEUNES OUVRIÈRES

Autour d'une large table, surchargée d'étoffes diverses, de boîtes remplies d'objets professionnels : ciseaux, bobines, sébilles à épingles, étuis, mètres à ruban, elles sont là, groupe charmant, assises sur des tabourets, dans l'étroit atelier encombré de mannequins, de coupons et de planches à repasser, apprenties et ouvrières, sous l'œil vigilant de la patronne qui, debout, taille, découpe, rogne, ajuste, du geste commande et de la voix réprimande, encourage, stimule, ordonne au milieu du grincement des ciseaux, du bruissement du fil tiré, du froissement des étoffes. Courbées sur leur travail, patiemment, courageusement, chacune coud, chiffonne et toutes, de leurs doigts de fée, habiles et prestes, produisent ces merveilles d'élégance et de grâce, chefs-d'œuvre de la coquetterie féminine, créant pour d'autres un luxe qu'elles n'envient pas.

Pour la plupart, elles sont très méritantes, ces jeunes filles du Paris laborieux, augmentant de leur maigre salaire les ressources du ménage. Chaque matin, en toute saison, elles quittent les faubourgs populeux pour se répandre par la grande ville. Fleurs des quartiers qui les virent éclore, ces Parisiennes, alertes et pimpantes, élevées trop souvent à l'école du malheur, connurent dans leur enfance sevrée des joies si chères au jeune âge, les privations et parfois les jeûnes, résultats des jours de chômage. En d'étroites mansardes, privées de soleil, à l'air rare, elles ont poussé à la grâce de Dieu, témoins de scènes navrantes par la misère provoquées. N'importe, rien n'a entamé leur sérénité, nui à leur entrain, attristé leur sourire. Bravement, elles ont accepté leur lot, qui est trop souvent celui de la pauvreté, évitant avec soin les entraînements pernicieux de la rue. Ayant la beauté du diable, promptes à la riposte, elles s'habillent d'un rien et savent à merveille ce qui leur sied, heureuses de la possession d'un ruban désiré, d'un humble bijou longuement convoité, souvent acquis au prix de longs efforts et de méritoires sacrifices. Et quelles joies naïves pour de simples plaisirs goûtés en famille : un bal de société où la mère accompagne sa fille, une soirée passée au théâtre, l'hiver, une partie de campagne, l'été, font leur bonheur. Sachant modérer leurs désirs, peu de chose les satisfait.

A les voir passer dans la rue, allègres et diligentes, joyeuses, insouciantes et rieuses, tout à leur babil franc ou mutin, elles séduisent, ces fillettes, par leur naturel et leur sincérité, la réserve de leurs gestes et la spontanéité de leurs propos.

Il existe ainsi par la capitale toute une population d'aimables et gracieuses créatures, dont le travail est la loi, le devoir, la règle, partageant, dans la maison paternelle, avec leur mère, si elles sont sœurs aînées, les soins d'élever les plus jeunes, en attendant qu'elles se créent une famille.

Ces accortes jeunes filles, qui, chaque matin, se rendent à l'atelier d'un pas vif et pressé et chaque soir, fidèles au nid, reviennent du labeur, gaies et souriantes, sont les ouvrières de Paris, « fées par l'invention, abeilles par l'activité, oiseaux par le gazouillement et fleurs par le charme ».

PLAISIRS D'HIVER

C'est l'hiver. Au réveil, surprise d'une soudaineté inattendue. La ville entière semble avoir revêtu une virginale parure de jeune épousée. Durant la nuit, la neige est tombée abondamment et un épais manteau, froid linceul, recouvre toutes choses : les toits ont une blancheur d'albâtre, les arbres présentent un aspect fantômatique; les corniches, les moulures, les moindres aspérités des édifices sont ourlés d'un mince filet semblable à de l'hermine. Aux premières lueurs du jour naissant, sous la lumière encore indécise de l'aube paresseuse, avec le ciel terne et bas, les rues apparaissent comme recouvertes d'un immense tapis immaculé, agréable à l'œil, qu'elles éblouissent jusqu'au moment où, sous les pieds des passants, les roues des véhicules, des sentiers se tracent, des ornières se creusent.

La neige à Paris, joie des gamins, est toujours mal accueillie. En dépit des équipes municipales de balayeurs affectées à son prompt enlèvement, elle est l'indice certain de l'hiver; sa présence jette plutôt un froid parmi la population. Elle ralentit la circulation, interrompt ou diminue les communications, restreint les relations. Grâce à elle, le coin du feu est recherché. Près du foyer, qui, gaiement, pétille, l'on se plaît à goûter les douceurs de l'intimité. Oh! les bonnes heures des soirs d'hiver passées en famille, au chaud, cordiales et affectueuses!

Les chutes de neige annoncent l'hiver mieux que les dates officielles ou le calendrier grégorien. Pour beaucoup de gens, c'est le moment de l'année particulier à certains plaisirs. Les cafés, rutilants, sous la lumière électrique, regorgent de clients. Pour les amateurs de parties de cartes, pour les familiers du billard, les longues soirées de l'hiver fournissent l'occasion de donner, dans la tiédeur des salles chauffées, contrastant avec la rigueur de la température extérieure, libre cours à leurs plaisirs favoris. D'autres préfèrent le concert. Ce genre de distraction offre à la majorité des Parisiens un attrait sans égal qu'elle recherche de préférence l'hiver, lorsque au dehors cingle la bise, que la gelée sévit ou que la neige règne en maîtresse.

Dans une salle qu'une multitude, d'aspect et de conditions diverses, emplit, devant une scène sans prétention, nombre de gens viennent là, oublier, pour une soirée, les soucis de l'existence, les misères de la vie, les rigueurs de la saison terrible. Pendant des heures, de l'orchestre à l'amphithéâtre, une foule, amie du rire et peu difficile sur la musique, applaudit les comiques de l'endroit, costumés en ivrognes, travestis en exotiques ou en excentriques, le baryton lançant ses couplets patriotiques ou la chanteuse légère roucoulant une romance sentimentale. Et à la moindre occasion, pour un couplet, un mot, un geste, le public est secoué par une bruyante hilarité. C'est que chacun est venu là pour se dérider ; on ne demande qu'à rire, du commencement à la fin, et si l'on trouve que le ténor léger chante bien, que l'actrice à la voix de soprano est l'étoile de la troupe, les avis sont unanimes pour affirmer que le comique, impatiemment attendu et toujours fêté, est, dans ses scènes réalistes, le meilleur des artistes.

Que de personnes, ouvriers, commerçants, employés, passent au concert une agréable soirée, qu'on y donne l'ordinaire spectacle ou la revue de fin d'année. Ce genre de distraction fait partie des plaisirs de l'hiver et n'en est pas l'un des moindres. Tandis que l'été, le grand attrait est au dehors, en promenades champêtres ou sylvestres, au grand air et au chaud soleil, la triste saison des pluies, des neiges et des frimas est celle du chez soi, de l'intérieur tiède et quiet, ou des courtes sorties dans le voisinage, le quartier.

LE TIRAGE AU SORT

Chaque année, en janvier et en février, les abords des mairies de la capitale, à tour de rôle, envahis par une foule, composée de plusieurs centaines d'hommes, présentent une animation extraordinaire. Il s'agit du tirage au sort. Tous les jeunes gens qui, l'année précédente, ont atteint la vingtième année, sont appelés à former la nouvelle classe, le contingent que le pays envoie annuellement sous les drapeaux.

Aujourd'hui, par suite du service militaire obligatoire fixé démocratiquement à une égale durée de trois ans, l'opération du tirage au sort n'est plus qu'une formalité d'un intérêt secondaire. Il sert simplement à désigner parmi les conscrits ceux qui — les moindres numéros — seront affectés aux armées de mer; les autres composeront l'armée de terre.

Dans une salle de l'édifice municipal, en

présence des autorités civiles et militaires compétentes, les conscrits de l'arrondissement, dans l'ordre alphabétique de leurs noms, successivement appelés, en silence, défilent et extrayent de l'urne un numéro, dont prestement ils vont faire part à leurs parents, à leurs amis, restés au dehors. Alors tous se rendent, station obligée, près de camelots, avisés petits industriels, depuis le matin installés à la terrasse d'un marchand de vins proche ou sous une porte cochère. Là, le numéro échu est imprimé en chiffres noirs sur une pancarte ornée de dessins coloriés, de drapeaux en faisceaux et autres attributs militaires. Puis, le tout est fièrement arboré au chapeau, tandis qu'une médaille, en souvenir de cette journée, et des flots de rubans sont fixés à la boutonnière.

En compagnie de camarades, les conscrits, avec la libre insouciance de leur âge, sans songer à la caserne qui ne leur apparaît que dans les brumes d'un avenir encore lointain, donnent libre cours à l'exubérance de leurs vingt ans. Ils fêtent ce jour unique dans la vie par des stations prolongées aux cafés d'alentour, de copieuses libations qu'accompagnent des cris, des rires et des chants.

Le tirage au sort est pour le plus grand nombre comme l'aurore d'une existence nouvelle; désormais, chaque conscrit est un soldat : il appartient déjà, à de rares exceptions près, à la caserne, au régiment, à l'armée.

Quelques mois plus tard, au moment de la révision, les conscrits retrouveront cette allégresse débordante, cette gaieté bruyante du jour du tirage qui les fait se répandre en bandes tumultueuses par les rues et les boulevards qu'ils animent jusqu'à une heure fort avancée de la nuit.

Mais cette journée d'exaltation passée, chacun d'eux reprend la besogne accoutumée en attendant le départ de la classe. En novembre, ces jeunes conscrits, la force vive du pays, partiront moins joyeux peut-être, mais résignés quand même au devoir égal pour tous. Incorporés loin de la grande ville, ils deviendront alors les petits soldats français en qui reposent l'espoir et la sécurité de la patrie.

JOURS DE CARNAVAL

Le Carnaval à Paris dure généralement trois jours. Cependant, lorsqu'il n'y a ni cortège ni Bœuf gras, ordinaire héros de ces journées précédant le Carême, les traditionnelles réjouissances se bornent au dimanche et au mardi. N'y eût-il point de divertissements carnavalesques réglés d'avance, la coutume voulant qu'on s'amuse quand même, la joie populaire essaie de se donner carrière.

Ce n'est point chose nouvelle que ces fêtes du Carnaval; héritage de l'antiquité, elles nous viennent même de fort loin et ne sont plus qu'un pâle reflet des fêtes du paganisme. Les Romains, ainsi que nos ancêtres les Gaulois, avaient l'habitude de se réjouir dans les premiers mois de chaque année. Désir bien naturel qui s'explique par ce fait que l'homme éprouvait le besoin de célébrer joyeusement le retour de la saison printanière, le renouveau de la nature engourdie pendant les mois sombres de l'hiver. A cette époque, avaient lieu à Rome les Saturnales, fêtes bouffonnes où les esclaves jouaient le rôle des maîtres, tandis qu'aux fêtes druidiques se donnaient des mascarades et de burlesques défilés. Le moyen âge continua ces usages de folie ouverte; il s'y adonna même avec frénésie en des cérémonies grotesques et désordonnées, telle que la Fête des Fous, celle de l'Ane et celle des Innocents. Le Carnaval avait alors un caractère demi-religieux et satirique. La mascarade se célébrait dans toutes les églises et on y parodiait la royauté.

Aujourd'hui le Carnaval, de joyeuse et antique mémoire, agonise. Que sont devenus Pierrot l'enfariné, la batte d'Arlequin et l'ironique sourire de Polichinelle? Peu de travestissements, point de mascarades et plus de bœufs gras. La publicité elle-même délaisse ce moyen de propagande : il n'y a presque plus de chars-réclame qui, naguère encore, constituaient au moins un semblant des cortèges d'antan.

C'est que tout se transforme. Les déguisements sont passés de mode. Seuls les enfants y trouvent encore quelque joie. Ils sont graves sous leurs divers costumes, petits soldats, zouaves ou cuirassiers, tandis que les fillettes s'essayent à la coquetterie en des toilettes de marquises, de laitières ou de pierrettes.

La foule, dans les carnavals présents, ne cherche plus les masques. Les confetti lui suffisent. Lorque le temps le permet, c'est, par les rues, jusque dans les quartiers les plus reculés de Paris, des débauches de ces petites rondelles de papier multicolore.

C'est le divertissement populaire que chacun prend à sa guise, qui est à la portée de tous, que le camelot vend à raison de « dix sous le kilo ». C'est un jeu agréable, une distraction inoffensive. En quelques heures, les rues, les chaussées, les trottoirs en sont mosaïqués, jonchés. La police elle-même, bon enfant en ces jours de liesse et souriant à ces plaisanteries, s'en laisse inonder de la meilleure grâce du monde.

Sait-on que le confetti prit naissance à

Paris, dans une fabrique de calendriers ? La machine à perforer le carton, en pratiquant dans chaque calendrier le petit trou qui sert à l'accrocher, faisait sur le plancher de si pittoresques amoncellements de rondelles multicolores qu'un beau jour, une joyeuse petite ouvrière eut l'idée de ramasser et de jeter à poignées cette poussière colorée dans la chevelure de ses compagnes ; l'effet produit était si joli que le patron pensa : « Voilà une mode à lancer. »

Il la lança en effet, car au bal de l'Opéra suivant, ce fut une joie folle lorsqu'on fit pleuvoir sur la tête des spectateurs, cette neige de toutes les couleurs.

L'industrie du confetti était née.

Le serpentin, qui fut en vogue les années précédentes, semble avoir fait son temps. C'était l'amusement préféré par lequel on charmait jadis, aux fenêtres, l'attente de l'arrivée du cortège. L'absence de tout char l'a fait disparaître. Aussi les arbres sont-ils à présent dépourvus de la végétation spontané qui les décorait aux jours gras et nul balcon n'offre plus l'aspect d'un pavoisement multicolore et bigarré.

Aux quartiers excentriques, dans les centres ouvriers, le Mardi Gras est jour de chômage. Dès le matin, les rues populeuses sont animées comme un dimanche : c'est un va-et-vient de gens heureux de ne rien faire en ce jour de repos conventionnel. Chacun a l'air d'attendre « quelque chose » même lorsqu'on sait qu'il n'y aura rien.

Dans les cours se font entendre des chanteurs en plein vent et des orchestres improvisés composés de plusieurs musiciens ambulants; par les rues retentissent des sonneries de trompettes ou de cors. Vers midi les avenues s'emplissent d'une foule de promeneurs : les faubourgs se vident au profit du centre de Paris et toute la ligne des boulevards, de la Madeleine à la place de la République, ne tarde pas à être envahie par une marée humaine, mouvante, flottante, ondulante, une foule animée, bruyante, avide de gaieté. Des batailles en règle commencent, des luttes homériques s'engagent. Les bouches se ferment, les lèvres se serrent pour éviter d'avaler la poussière désagréable du papier voltigeant, papillotant, tourbillonnant aux mains des combattants. Tout en se garant, chacun puise dans le sac maintenu sous le bras les munitions dont on vise les passants et ce sont des petits cris aigus arrachés aux combattantes — les plus acharnées à ces jeux d'un nouveau genre — égrenant leur rire sous le choc léger des petites rondelles rouges, vertes, jaunes, fuyant, succombant sous la mitraille, sous la grêle des confetti; les cris d'appel des camelots annonçant leur marchandise, rangée le long des trottoirs, les mille bruits d'une multitude en fête se mêlent, se confondent en une rumeur, un brouhaha immense, continu. Une trêve s'établit de six à huit heures; puis la joie reprend de plus belle dans la soirée, ce pendant que les familles, harassées de fatigue mais contentes néanmoins de leur journée, regagnent le logis situé dans le lointain quartier, sur lequel, à cette heure du jour, plane une appétissante odeur de crêpes — les crêpes traditionnelles du Mardi Gras, suivant ce refrain populaire :

Mardi-Gras n't'en vas pas,
On fera des crêpes et t'en auras.

Quoique la capitale ne soit plus la ville hospitalière au roi Carnaval de jadis, il faut cependant reconnaître que, malgré tout, la gaieté a conservé ses droits sur le peuple de Paris qui trouve toujours le moyen de se divertir en dépit du peu d'attractions qu'on lui offre. Les Parisiens s'amusent et rient volontiers non seulement parce que le rire est le propre de l'homme, mais surtout parce que la gaieté et l'entrain sont les caractères essentiels de la race française.

AU MARCHÉ

Un vaste hall, à la charpente en fer, au soubassement en maçonnerie, percé d'ouvertures à ses extrémités, telle est, dans sa simplicité architecturale, un marché couvert, comme on en rencontre à chaque pas dans Paris.

Dans toute la longueur, des comptoirs sont disposés, séparés, de distance en distance par des travées, de manière à former des stalles. Chacun de ces compartiments est occupé par des commerçants, généralement du quartier, qui, moyennant une redevance, tiennent là étalage, sorte de succursale des magasins ou boutiques qu'ils occupent en ville.

Dès le matin, venant des Halles, arrivent des voitures surchargées de denrées nombreuses et variées, concernant l'alimentation parisienne : légumes, viandes, poissons, volailles, etc., car il s'y vend de tout aux marchés de quartier, depuis la boucherie de cheval, âne et mulet, charcuterie, mercerie, légumes divers, jusqu'à des articles de bazar, objets de ménage et même des fleurs, mêlant leur arome parfumé aux différentes odeurs composant l'atmosphère du marché. En tas serrés, en rangs pressés ou étalés en un désordre voulu, des victuailles, des légumes de toute sorte sont amoncelés en un bel arrangement, de savante ordonnance, afin d'attirer les regards des passants, de retenir par la qualité de la marchandise offerte, d'ailleurs annoncée, vantée, prônée, par les marchandes auprès des ménagères qui, durant toute la matinée, en vue des repas du jour, viennent faire ce qu'on appelle communément « leur marché ». Toutes les classes de la société s'y rencontrent : l'humble ouvrière économe, la femme du petit employé y coudoient la grande dame en robe froufroutante et chacune, un panier, un cabas ou un filet à la main, en quête de provisions de choix, vont, viennent, circulent entre les doubles rangées d'étalages, examinant d'un œil exercé, connaisseur, expert, comparant d'un regard, allant plus loin, lentement, pour revenir ensuite du même pas traînant, indécis, à moins qu'elles n'aient leur marchande attitrée. Les voix flûtées ou rauques des commerçantes — ce sont en général des femmes qui vendent au marché, à part la boucherie — sollicitent les clientes et essaient de les retenir, de fixer leur attention, de capter leur confiance par un éloge exagéré de leurs produits exposés. Alertes, vives, adroites, elles découpent, pèsent, enveloppent avec habileté et prestesse, ayant, pour la plupart, un mot aimable à l'adresse de leur clientèle dans le brouhaha que produit un marché. Exposées au froid l'hiver, au chaud l'été, aux courants d'air en toutes saisons, elles paraissent toujours d'une humeur égale, qualité nécessaire quand on songe qu'elles ont à lutter journellement avec cet ennemi redoutable : la concurrence.

Aussi devant les nombreuses stalles inoccupées peut-on en conclure que ces marchés couverts semblent péricliter. Ils sont fortement battus en brèche par les marchés en plein vent, lesquels n'ont lieu que certains jours de la semaine.

UN ENTERREMENT

Dans les quartiers voisins des fortifications, loin du centre de la capitale, les enterrements qu'on y voit le plus fréquemment sont modestes, des plus ordinaires, simples convois, corbillards des dernières classes, qu'entourent quelques employés des pompes funèbres, vulgairement dénommés *croque-morts*, et que suivent les gens de l'enterrement, des parents, des amis, des voisins. A Paris, à moins que le décédé ou sa famille n'ait de grandes relations, qu'il porte un nom connu, les convois funèbres sont rarement nombreux. Il arrive même, spectacle navrant, de rencontrer au long des rues étroites ou sur les côtés des larges avenues, respectueusement salués des passants, un signe de croix des femmes, le chapeau ou la casquette soulevée des hommes, des cortèges se dirigeant tristement vers quelque champ de l'éternel repos, et composé d'une, deux ou trois personnes, quelquefois même, hélas! seuls.

Toutefois, dans cet immense Paris, pourtant si sceptique et si léger, devant la mort, à l'inconnu redoutable et mystérieux, toujours quelqu'un compatit à votre détresse lorsque l'inexorable vient vous frapper. Aussi le cas le plus fréquent est-il que, devant les tentures encadrant la porte cochère d'un logis quelconque où, sur des tréteaux, est disposé le catafalque supportant un cercueil environné de cierges allumés, des gens, des inconnus même, tout de noir vêtus, viennent se joindre aux membres de la famille pleurant l'un des leurs. Le corbillard arrive, précédé depuis longtemps des porteurs. De leurs mains rudes, habituées à semblable besogne, ils enlèvent le cercueil de bois blanc léger ou de chêne épais, lourd, massif, et le cortège se dirige vers l'église, première étape. Les parents suivent les premiers et derrière eux viennent, pêle-mêle, en désordre, parfois en voitures funéraires ou en fiacres, les gens de l'enterrement.

En face du porche de l'église, le convoi s'arrête. La bière, par les porteurs, retirée du corbillard, est portée sur le catafalque dressé près d'un autel. A ce moment, il n'est pas rare de voir des invités, formant groupe, hésiter, reculer, puis prendre la queue du cortège. D'un coup d'œil, ils se sont consultés et, tournant brusquement les talons, ils se dirigent vers quelque marchand de vins proche dont le zinc les attire.

Tant que dure la cérémonie, ils se tiennent debout au comptoir, causant de tout : du défunt, de la politique et de mille autres choses niaises et nulles ; pour excuser leur manière d'agir, hautement ils déclarent qu'ils n'entrent jamais à l'église.

Mais bientôt, au seuil de l'édifice religieux, reparaissent les porteurs ; c'est le moment attendu ; les coudes se lèvent simultanément, les verres se vident et la bande se prépare à sortir. La bière, poussée sous le plafond du corbillard, les couronnes accrochées, le convoi, lentement, s'achemine vers quelque lointain cimetière ; les messieurs qui ne sont pas entrés à l'église ont soin de se mettre en évidence pour se faire remarquer du camarade dans la peine, de la femme, veuve, mère ou grand'mère éplorée de la perte de celui ou de celle qu'on emporte. Là, souvent se borne leur rôle; ils considèrent leur mission comme terminée. A un tournant de rue propice, ils se détachent du convoi et se hâtent de filer. S'ils accompagnent les parents jusqu'au bout de leur pénible tâche, ce sont eux qui, au retour, guident les familles émues, les invités fatigués vers les guinguettes des villages de banlieue où chacun, durant toute l'après-midi, noiera son chagrin dans le vin, ce qui explique pourquoi il n'est pas rare de voir revenir de quelque nécropole suburbaine, en habits de deuil, des gens qui sont loin d'avoir un air d'enterrement.

MAISON EN CONSTRUCTION

A une époque où des quartiers entiers de Paris se transforment à vue d'œil, où des rues nouvelles surgissent tout à coup comme par miracle à l'endroit où naguère se voyaient de vastes parcs, des terrains vagues parfois utilisés pour la taille des pierres, des emplacements inoccupés, entourés de cloisons et de palissades, il n'est pas rare, à un moment où les immeubles constituent l'un des meilleurs placements pour les capitalistes, de voir un beau matin des personnages à l'allure énigmatique examinant quelque terrain inutilisé. Rien n'explique leur présence, et il serait assez malaisé au plus perspicace de dire ce que font ces gens, pourquoi ils se concertent, semblent se consulter en de secrets conciliabules : avec un peu de patience, le mystère sera éclairci.

En effet, quelques jours à peine se sont écoulés qu'à l'étonnement des voisins surpris, de nouveau intrigués, les palissades qui entouraient les terrains en question disparaissent, et que des ouvriers, qu'à leurs amples pantalons de velours bleu on reconnaît pour des terrassiers, commencent leur besogne. Le sol est creusé à une certaine profondeur, d'énormes quantités de terre sont enlevées et transportées au loin par des tombereaux. Bientôt, à ces premiers ouvriers d'autres succèdent. C'est à présent le tour des maçons de prendre possession des chantiers qu'ils ne quitteront plus jusqu'à l'achèvement de l'immeuble, car il s'agit bel et bien d'une maison en construction.

Peu à peu les fondations s'édifient sur les caves déjà maçonnées. Journellement, de lourds fardiers traînés par de robustes attelages amènent les pierres nécessaires à la bâtisse ; ces dernières sont déjà taillées, préparées, numérotées, prêtes à être employées. Ce mode de procéder simplifie considérablement le travail, ce qui explique la rapidité surprenante avec laquelle s'élève une maison de six étages, quelle que soit son importance.

Sur les échafaudages, règne la plus grande activité, et tout le jour, de 6 heures du matin à 6 heures du soir, les poulies grincent, les treuils fonctionnent, les pierres sont hissées. A vue d'œil, les étages s'ajoutent aux étages sous la direction de l'architecte, sous les ordres de l'entrepreneur secondé par un contremaître commandant ouvriers et manœuvres qui, détail curieux, sont presque tous originaires des départements du centre de la France, Limousins ou Poitevins, travaillant sans relâche et non sans goût. Fait à noter, depuis quelques années, les immeubles parisiens tendent à offrir une certaine architecture d'où l'élégance, le style, la beauté des lignes, l'harmonie de la forme, sont loin d'en être bannis comme dans la plupart des constructions d'autrefois, toutes d'une uniformité monotone, simples, unies, sans ornements.

L'édifice construit, les maçons cèdent la place aux ornemanistes qui, à même la pierre, sculptent des corniches, des bas-reliefs, des chapiteaux, des cariatides; à des plâtriers, qui décorent les murs des mêmes attributs simplement moulés.

Ces divers travaux terminés, l'édifice est loin d'être achevé. Une nuée d'ouvriers se succèdent à tour de rôle pour donner à l'immeuble le confort désirable qu'on recherche aujourd'hui, même dans une maison de simple apparence. Nous ne citerons que pour mémoire les couvreurs, plombiers, zingueurs, parqueteurs, menuisiers, vitriers, peintres en bâtiments, serruriers, tapissiers, sans parler des spécialistes si la maison est éclairée à l'électricité, pourvue d'un téléphone, d'un ascenseur, toutes commodités que l'on rencontre couramment dans tout immeuble ordinaire. Chacun connaît, pour les avoir vus à l'œuvre, ces ouvriers divers.

Enfin, la maison se pavoise à son sommet d'un drapeau tricolore en même temps qu'apparaît une bande de calicot ou un écriteau indiquant l'époque à laquelle elle pourra être louée, avec l'énumération des appartements et des pièces qui les composent, les prix des loyers, le confortable qu'y trouveront les futurs locataires.

Et voilà comment quelques mois à peine après le commencement des gros travaux sur un terrain vague, un nouvel immeuble est édifié, merveille de construction rapide sinon toujours solide. Néanmoins, devant toutes ces bâtisses superbes, certes, mais d'une location élevée, on peut se demander, non sans anxiété, où, dans quelques années, chassés des rues même les plus modestes par la cherté des loyers, logeront les pauvres gens.

LES RAMEAUX

Le dimanche qui précède la fête de Pâques est marqué par une coutume d'ordre religieux : c'est le jour des Rameaux. Le commerce tout spécial qui le caractérise est une source de profits pour de nombreux petits industriels.

Dès le matin, les abords des églises parisiennes sont envahis par des revendeurs empressés à prendre possession des meilleurs emplacements. Les uns sont pourvus de paniers ou d'éventaires, certains mêmes n'ont qu'une installation très primitive : une simple toile d'emballage étalée sur le sol et couverte de rameaux de buis ; d'autres, ordinaires marchands des quatre saisons, apportent leur verte denrée dans des voitures à bras ; d'aucuns ont jusqu'à des carrioles attelées d'un âne, voire d'un cheval.

Et toute la journée, devant le porche de

l'édifice religieux, jonché de débris verdoyants, à chaque passant, des voix glapissent : Un sou, le beau buis bénit! Des enfants, principalement, poursuivent les gens jusque sur les marches des églises, tandis que, devant leur véhicule, leur table ou leur panier, les parents, hommes et femmes, sans trêve, annoncent, crient leur marchandise, font l'article, avec l'espoir de fixer l'attention indécise d'un client possible.

Pour quelques sous, chacun se munit du traditionnel rameau qui, suspendu dans les logis qu'il décore, devient, aussi, en vertu d'une foi pieuse, une sorte de talisman. Aussi, en ce jour, qu'égaye souvent un chaud soleil printanier, ne rencontre-t-on par les rues que des gens porteurs de rameaux verts, symbole de la saison nouvelle.

LES DÉMÉNAGEMENTS

Ils ont surtout lieu à certaines époques de l'année. En effet, il n'est pas rare, dans les premiers jours des mois de janvier, d'avril, de juillet ou d'octobre, de rencontrer, par les voies parisiennes, des voitures à bras traînées par un homme qu'un autre pousse, quand ce n'est pas une femme que des enfants accompagnent. Ces véhicules sont surchargés de meubles divers, d'ustensiles de toutes sortes, composant l'humble mobilier de la famille.

Le dimanche est le jour choisi de préférence pour déménager aux approches du terme, celui des pauvres gens, des ouvriers, des malheureux. Lorsque le déménagement a été décidé, pour une cause ou pour une autre, quittant le logis, aidé souvent d'un camarade, à charge de revanche, le père, pour changer de domicile, descend les meubles un à un et les empile sur la charrette que surveillent les enfants intéressés par cette opération inaccoutumée. Quand la petite carriole est remplie, ployant sur ses légers essieux, l'un des hommes prend place dans les brancards, s'attelle à la bricole, et en route pour la nouvelle demeure, longtemps cherchée, sujet de toutes les conversations depuis qu'on l'a découverte, où l'on espère être plus à l'aise que dans la précédente, peut-être plus heureux.

L'emménagement s'opère sous la surveillance de la ménagère, attentive à ce que rien ne soit égaré, détérioré ou brisé, et lorsque le dernier meuble est monté, chacun est ravi : les enfants, du nouveau local, les parents d'en avoir terminé avec une besogne ennuyeuse et pénible. Tous s'en vont déjeuner au restaurant ou se rafraîchir chez un marchand de vins proche, en se félicitant d'avoir pu procéder à cet important travail par un temps sec ou maugréant contre la pluie si elle s'est mise de la partie.

Telles sont à peu près les scènes fréquentes que l'on peut observer dans les quartiers populeux, aux approches du petit terme, joie des propriétaires, mais des pauvres gens redouté.

***

Tout autres sont les déménagements des classes aisées ou riches vers le quinze des mois précédents. Dans la matinée, en face des portes cochères des luxueux immeubles, arrivent, pour y stationner de longues heures, des voitures de déménagements pour tous pays, par voie de terre et de fer, ainsi qu'elles portent en grosses lettres peintes en noir sur fond jaune. Le travail commence, long et lent. Des déménageurs, robustes ouvriers aux muscles solides, descendent successivement tous les meubles, les paniers contenant la vaisselle et les objets fragiles, bibelots et œuvres d'art qu'ils déposent sous la porte cochère. Les voitures sont ensuite chargées, puis lentement elles s'acheminent vers le domicile à l'avance choisi.

Avec d'infinies précautions, sous l'œil vigilant de l'entrepreneur, l'emménagement s'opère, tel que se fit le déménagement. Et souvent, assez tard dans la soirée, les hommes, porteurs de meubles et de paniers, grimpent encore pesamment l'escalier qui gémit sous leurs fortes chaussures.

Ces spectacles, plus fréquents aux alentours du terme, ne sont pas absolument inséparables de ces dates.

UNE FORGE

Les forges des maréchaux-ferrants à Paris, sans être une curiosité bien remarquable, n'en constituent pas moins des établissements non dépourvus d'originalité, d'un caractère particulier.

On les rencontre surtout de préférence dans les quartiers avoisinant les fortifications, vers les extrémités de la capitale. Ouvertes sur la rue, portes béantes en toute saison, les forges parisiennes consistent en une grande pièce au sol de terre durcie ou pavé; des fenêtres en verre dépoli les éclairent. Les poutres et les solives du plafond disparaissent sous les toiles d'araignées. La propreté n'est pas précisément le luxe de ces lieux sombres, enfumés, exhalant une odeur de corne brûlée.

Dans le fond de la pièce est installé le fourneau de la forge pourvu d'un manteau sous lequel rougeoie faiblement, mais sans discontinuer, le feu d'un brasier alimenté d'un charbon spécial et qu'active un soufflet mû par une chaînette pendante. Près de ce fourneau, sur des souches de bois mal équarries, sont fixées, lourdes, massives, les enclumes qui, tout le jour, résonnent du bruit sonore des pesants marteaux, sous lesquels jaillissent des myriades d'étincelles. Devant une fenêtre, le long d'un mur, à un établi, sont vissés les étaux. Ailleurs, dans un coin, gisent la ferraille usée et les vieux fers à cheval; tandis que sur des rayons sont disposés les neufs, d'après leurs numéros d'ordre, les différentes pointures des sabots auxquels ils seront adaptés. De ci de là on remarque des outils d'ouvriers du voisinage, divers instruments de travail : pelles, pioches ou pics, apportés en réparation. En dehors de ces menus travaux, que le maréchal-ferrant raccommode, mais qu'il ne fabrique pas, sa principale occupation consiste dans la ferrure des animaux de trait et de selle : chevaux, ânes et mulets. Au long des jours, les ouvriers forgerons, souvent plusieurs, referrent à la main les chevaux qui sans cesse leur sont amenés. Et ce continuel va-et-vient de clients, charretiers, cochers, maquignons, est scandé par le martellement du fer sur l'enclume.

Il arrive aussi que des chevaux indisposés sont conduits à la forge, et le patron, utilisant ses connaissances en médecine chevaline, donne des consultations, ou, mieux encore, un vétérinaire est attaché à l'établissement qui, parfois, se transforme en établissement sanitaire à l'usage des animaux domestiques.

COUP D'ŒIL DANS UN LAVOIR

Ils abondent dans les quartiers ouvriers de Paris ces établissements connus sous le nom de lavoirs. Leur physionomie extérieure est des plus simples : au dehors, on n'aperçoit que des murs quelconques, communs, sur lesquels rien n'attire l'attention. Une ouverture unique, porte étroite à deux battants, livre passage aux clientes, car ce sont des femmes exclusivement qui fréquentent les lavoirs : professionnelles faisant la lessive pour les blanchisseuses ou ménagères venant laver le linge de la famille.

Chaque établissement est tenu par le propriétaire dont la femme, toute la journée, reste assise à la caisse, située à l'entrée de la pièce principale, dans un bureau vitré. Un garçon, unique employé, s'occupe des divers travaux qui suivent le blanchissage du linge : essorage et séchage.

Dans la vaste et unique salle du lavoir, pourvue de becs de gaz ou même de lampes électriques, se trouvent des installations sommaires. Des stalles placées vis-à-vis les unes des autres sont disposées par rangées parallèles dans toute l'étendue du local. Au-dessus, dans une sorte de grenier sont situés les séchoirs. Chaque ouvrière, pour procéder à son travail, s'installe devant une cuve remplie d'eau. Une sorte de boîte en bois protège les travailleuses contre l'eau, dont le sol ruisselle et qui jaillit du linge mouillé sous la pression du battoir frappant à coups redoublés. Tandis que les bras agiles travaillent, que les mains actives savonnent et frottent, les langues ne chôment pas. Dans le bruit du lessivage, le clapotis de l'eau, le bourdonnement des essoreuses mues par la vapeur, le brouhaha d'une sorte de ruche humaine au travail, des voix de femmes caquètent et jacassent, des cris, des rires, des appels, répétés et multipliés, se perçoivent, lancés par des organes de tous les tons, aigus, enroués ou gouailleurs. Entre voisines, des confidences ont lieu; la médisance aussi a sa part. Tous les potins, tous les cancans du quartier sont colportés au lavoir; c'est le lieu par excellence des commérages sans fin, des bavardages intarissables.

Au long du jour, les lavoirs reçoivent des visiteurs. Parfois, c'est un musicien ambulant qui, moyennant une quête, vient donner une audition afin d'égayer par un peu de musique le labeur des laveuses. Aux accords engageants d'une valse ou d'une polka, les ouvrières, pour quelques instants, quittant battoir et baquet, s'enlacent et tournoient en sabots sur le sol bitumé. Divers petits commerçants, colporteurs et pâtissiers, viennent à la ronde offrir leur marchandise; des chanteurs de passage s'y arrêtent volontiers pour interpréter une partie de leur répertoire : chansons en vogue et romances de café-concert.

En résumé, c'est une besogne pénible, rude et peu agréable que celle qu'accomplissent les habituées des lavoirs publics. Aussi pour les longues heures de stationnement passées debout devant leurs cuves, sans relâche occupées, devons-nous excuser et leurs bavardages et le langage familier propre à quelques-unes.

UN BAZAR

L'étalage empiète, envahit, déborde sur le trottoir. Sous un store, une marquise, se balancent, agités par le vent, des objets suspendus. Par la devanture grande ouverte, la vue plonge dans l'intérieur du bazar. Tout d'abord on ne distingue rien. C'est une accumulation, un entassement, un pêle-mêle, un fouillis, un fatras de marchandises enchevêtrées, chevauchant les unes sur les autres, empilées côte à côte ou placées en des casiers, des compartiments, des boîtes, sans ordre apparent. Et cependant, par un examen attentif, on reconnaît que le désordre n'existe pas, ou du moins, trompe-l'œil habile, il est voulu. Ces articles, trop nombreux pour être énumérés, car ils vont des jouets, des bibelots, des mille riens d'une valeur infime, d'un usage quotidien, constant, jusqu'à des objets de prix, rares, plus décoratifs qu'utiles. Ce qui domine surtout dans les bazars — j'entends les établissements ordinaires, ceux qu'on rencontre dans les rues fréquentées par une population ouvrière — ce sont les articles de première nécessité, d'un besoin courant, toujours vendus à bas prix. Ils s'alignent sur des comptoirs peu élevés, en abondance et symétriquement disposés, proprement tenus, afin de surprendre, et prendre les clients, tenter les convoitises, avoir raison des volontés faibles, solliciter par le bon marché. Il y en a pour tous les goûts et toutes les bourses et ils sont là, bien en vue, à portée de la main, voire étalés par terre, suspendus au plafond, accrochés aux murs, exposés aux regards de tous, du passant qui flâne, de l'oisif qui muse, du badaud qui se promène, de l'ouvrier diligent qui, quoique pressé, leur jette un coup d'œil rapide, des enfants qui les envient, des ménagères qui font leurs courses, un cabas, un panier ou un filet à la main. A tout venant le bazar est ouvert; c'est une sorte de lieu public, car, dès la porte, un écriteau indique que l'entrée est libre. Entre les rangées d'étalages, par les galeries, sans gêne, l'on peut circuler.

Il n'en est pas de même dans la plupart des magasins voisins où, dès votre arrivée sur le seuil, le patron, prévenant et avenant, la bouche en cœur, se précipite pour prendre vos ordres, vous diriger sur un commis obséquieux qui, d'une voix engageante, vous fait l'article et, sur la tenue du client, mesure sa politesse. Au bazar, chacun, pauvre ou riche, a ses coudées franches, sa libre allure. On peut entrer, aller, venir, sortir, examiner la marchandise, sans acheter. C'est à peine si, comme négligemment, pour vous renseigner, un garçon préposé à la vente vous signale, d'une voix indifférente, le nom de l'objet observé et vous en donne le prix d'ailleurs inscrit sur une pancarte. De distance en distance, assises à des caisses vitrées, des dames font la monnaie, car aux étalages, les vendeurs, armés chacun d'une sorte de petit plateau à long manche, ne reçoivent que le prix exact de l'objet acheté.

Le système de vente de la plupart des

bazars est le dernier mot du commerce actuel; ils font une concurrence redoutable à nombre de magasins qui n'ont qu'une spécialité. Bien des gens, entrés par distraction au bazar, se trouvant sollicités par la vue de quantité de menus objets, n'en sortent guère sans y faire une emplette : d'où le succès de ces établissements. Les objets vendus sont de peu de valeur, mais une vente considérable fait réaliser d'importants bénéfices. Les bazars sont surtout utiles aux petites bourses.

AU POSTE DE POLICE

A moins d'avoir eu maille à partir avec la police, peu de personnes connaissent *de visu* la distribution intérieure des postes de police, car l'agent de faction à la porte en défend rigoureusement l'entrée à quiconque voudrait y jeter, même en passant, un indiscret regard.

Lorsqu'on a franchi, par faveur spéciale, le seuil de l'un de ces rez-de-chaussée, d'où partent, à heure fixe, de jour et de nuit, les agents chargés de la surveillance des rues de Paris, on pénètre tout d'abord dans une sorte de corps de garde, pièce quelconque, sobrement meublée. Le sol est cimenté, les murs de couleur jaunâtre, sont presque nus; à peine y remarque-t-on quelques patères où sont accrochés les capuchons des sergents de ville. Près de la porte d'entrée, à une table, un agent se tient en permanence pour recevoir les visiteurs. Ailleurs s'alignent d'autres tables pourvues de bancs où s'asseyent les représentants de la force publique de garde au poste. Aux heures des changements de service en ville, peu à peu la salle s'emplit d'agents, esclaves de l'exactitude : assis aux tables, quelques-uns lisent, d'autres écrivent ou simplement causent en fumant ; d'autres, debout, vont et viennent.

Un poêle en fonte, au milieu de la pièce, sert en hiver à chauffer cette dernière, qu'éclairent plusieurs becs de gaz. A l'un des murs, un cartonnier, garni de registres ; à côté, une armoire aux portes fermées à clef. Dans un coin, des lits en fer pliés et dressés contre le mur, ainsi que des matelas, servent aux hommes du poste à se reposer pendant la nuit.

Cette première pièce donne accès sur un couloir voisin le long duquel s'ouvrent les portes des cellules. C'est ce qu'on appelle le violon, où les personnes arrêtées dans le quartier sont provisoirement détenues avant d'être dirigées sur le Dépôt par les voitures cellulaires.

Les cellules des postes de police sont de petites pièces fort simples, aux murs nus, cimentés, sans aspérité ni encoignure. Toutes les précautions sont prises pour empêcher les suicides. La lumière y pénètre par une petite fenêtre haut placée et grillagée. Un banc en bois, fixé à la muraille, fait le tour de la cellule. Un water-closet avec tout à l'égout est disposé dans un coin; un courant d'eau l'arrose toutes les-vingt minutes; ces cabines, surtout dans les postes nouvellement construits, sont tenues avec soin, d'une propreté absolue, et, si elles manquent de confortable, puisque le même banc sert tout à la fois de siège durant le jour et de lit pendant la nuit, elles sont du moins saines et hygiéniques. Généralement au nombre de quatre dans chaque poste, les prisons sont affectées, les unes aux hommes, les autres aux femmes. Une forte porte, lourde et massive, munie d'un solide verrou et d'une serrure, les ferme extérieurement; dans la partie supérieure, une ouverture carrée est pratiquée, garnie de barreaux en fer et d'un grillage en treillis métallique;

cette disposition permet d'exercer une surveillance continuelle sur les détenus.

Ces différentes pièces constituent le rez-de-chaussée des postes de police, tous pareils par leur distribution intérieure. Au dehors, le long du corps de garde, un couloir conduit à un escalier qui mène lui-même au premier étage de l'immeuble; là se trouvent le cabinet de l'officier de paix et une salle où se tiennent ses employés.

Journellement, les postes de police reçoivent les visites les plus diverses, les personnages les plus variés; là se déroulent les scènes les plus invraisemblables; les incidents joyeux succèdent aux tableaux navrants. Des gens à la conscience tranquille, mais que la police intimide, y servent de témoins; d'autres, victimes innocentes, le visage encoléré, viennent porter plainte. Tantôt c'est un malfaiteur arrêté, son crime commis, que l'on amène et à qui, menottes aux mains, l'on fait subir un premier interrogatoire, ou encore des récidivistes, d'allure indescriptible, pris dans une râfle; gens de haute et basse pègre, de tout âge et de toute condition, enfants et vieillards, camelots, forains, cambrioleurs, chemineaux, cochers, commerçants et industriels vivant sur la voie publique, habitués des asiles de nuit, individus à mine louche, de mœurs inavouables; femmes en cheveux, minables, malpropres, déguenillées; ivrognes invétérés, tout le pêle-mêle, toute la lie, toutes les misères de la grande ville défilent tour à tour, de jour et de nuit, dans les postes de police, où elles semblent s'y être donné rendez-vous.

A LA MUSIQUE MILITAIRE

Les concerts militaires en plein vent, si goûtés de la population parisienne, n'ont lieu que durant la belle saison, de mai à fin septembre. Vers cinq heures du soir en juin, juillet et août — quatre heures en mai et septembre — une musique militaire vient s'installer aux kiosques pour elle construits dans les jardins publics, squares et places où, à certains jours de la semaine, ils ont coutume de se faire entendre. Le public déjà, depuis longtemps, a envahi leurs abords. Pour les désœuvrés, les badauds, les dilettanti, c'est une aubaine que ces concerts, un but de promenade, un agréable passe-temps. Les uns sur des chaises louées à cet effet, les autres debout, d'aucuns se promenant, avec attention les auditeurs écoutent les pas redoublés, les marches, les symphonies des maîtres de la musique. Grave, attentif au centre de ses hommes disposés en cercle, le chef de la fanfare, de son bâton conduit les exécutants, indique le rythme, dirige la cadence. Aux entr'actes, pendant les arrêts entre les morceaux, des camelots vendent le programme. Aussitôt après le dernier morceau, de la même allure martiale qu'à l'arrivée, les soldats de la fanfare militaire, en ordre, sur plusieurs rangs, reprennent le chemin de la caserne, admirés des spectateurs qui, curieusement, les regardent défiler et partir.

Mais les concerts les plus courus, ceux auxquels les auditeurs se pressent en foule, sont ceux donnés par la musique de la garde républicaine : ces jours-là, pas une chaise n'est inoccupée. Les spectateurs se chiffrent par milliers. Le plus grand nombre se tient debout, autour des places assises qu'une corde, fragile barrière mais néanmoins suffisante, entoure. Toutes les classes de la société se trouvent représentées dans cette foule mêlée : un monsieur décoré coudoie un ouvrier en bourgeron; le petit rentier, le commerçant, l'employé s'y donnent rendez-vous; le saute-ruisseau et le pâtissier entre deux courses viennent y entendre une sérénade. Les impotents, les infirmes même y accourent; les jeunes gens, libres à cette heure de la journée, artistes et étudiants, non sans bruit parfois, au grand mécontentement des personnes paisibles, tournent autour de la musique militaire. Des dames en robes de soie y jouent de l'éventail près d'une femme du peuple en cheveux tenant un marmot sur ses genoux. Et tous ces amateurs de musique applaudissent longuement les exécutants incomparables qui forment la musique de la garde.

En différents endroits de la capitale, chaque jour de la semaine, par les journaux du matin annoncées sous une rubrique spéciale, nos fanfares militaires jettent, dans le vent qui passe, des flots d'harmonie aux notes vibrantes ou aux sons atténués, à peine perceptibles. Heure de musique gratuite, par tous bien accueillie, de l'ouvrier diligent qui, un instant s'arrête, du commerçant affairé et surtout de l'oisif promeneur.

AU PARC DE MONTSOURIS

C'est un frais et délicieux jardin situé à l'extrémité sud de Paris, près des fortifications. Œuvre magnifique créée, en 1874, par ce magicien dans l'art de la décoration horticole, qui avait nom Alphand. Le parc Montsouris est des plus variés dans ses aspects et dans sa composition : arbres séculaires aux frondaisons luxuriantes, essences exotiques, végétaux rares, étrangers à nos climats; source d'eau vive dégringolant en cascade pour former un ruisseau limpide; lac où, sur son eau dormante, voguent cygnes et canards, rien ne manque à la beauté de ce lieu enchanteur et grandiose, pas même des coteaux aux rochers abrupts. Certains sites, avec leurs bois de sapins, donnent l'impression d'une Suisse en miniature.

Lorsqu'on pénètre dans le parc par la large et longue avenue qui mène à la gare de Sceaux et à la place du Lion de Belfort, aux regards surpris s'offre tout d'abord un immense espace gazonné, pelouse superbe précédant un édifice de style oriental. Cette bâtisse, d'architecture inconnue de notre pays, est la reproduction exacte du palais du Bardo, résidence des beys à Tunis. Il figura à l'Exposition universelle de 1878. Démonté ensuite, il fut transporté et reconstruit sur l'emplacement où il se trouve à présent. Un observatoire municipal y est installé.

Pour parcourir le parc, deux chaussées de fin gravier, entretenues avec un soin extrême, tentent les visiteurs. D'autres routes serpentent en tous sens ; des venelles fleuries, des sentiers discrets grimpent ou descendent sans ordre apparent, quand tout, au contraire, concourt à une unité d'ensemble. Ce n'est plus le jardin du Luxembourg ou celui des Tuileries aux rangées d'arbres se profilant avec trop de symétrie, sur une surface uniformément plane, où tout décèle un art géométrique sans imprévu, offrant ces espaces découverts sur lesquels, durant la canicule, le soleil darde ses rayons torrides et qui, l'hiver, sont glacés par une bise aiguë que rien n'arrête. A Montsouris, c'est presque la nature, nature voulue, il est vrai, mais charmante, pittoresque et quelque peu fruste même, donnant presque l'illusion d'une campagne éloignée de Paris. Moins de banalité et de convention, plus de laisser-aller et d'ingéniosité dans la disposition générale.

Comme dans tous les jardins publics de quelque importance, on y trouve l'inévitable kiosque couvert où, chaque dimanche de belle saison, une musique militaire vient y donner des concerts de cinq à six heures. Tout autour sont disposées les chaises pour les spectateurs. En face, c'est un pavillon à usage de café : des artistes lyriques, qu'en plein vent, à la terrasse, accompagnent les maigres sons d'un piano, y interprètent, le dimanche, à l'heure de l'apéritif, des romances et des fragments d'opéras aux consommateurs attablés.

A côté, c'est un minuscule manège de chevaux de bois pour les enfants. De ci, de là, des fontaines. Des statues, des monuments en bronze, peuplent de leurs brunes silhouettes les pelouses que des massifs de fleurs aux vives couleurs agrémentent et décorent.

Un seul inconvénient nuit aux beautés qui font du parc de Montsouris un séjour ravissant. C'est la ligne du chemin de fer de Sceaux qui le traverse. Rien de désagréable, d'odieux même comme ce passage continuel de trains aux sifflements stridents, ce lourd et trépidant bruit de convoi dans cet endroit paisible aux grâces sylvestres. Les délices que peuvent procurer ces retraites verdoyantes et fleuries se trouvent amoindries par cette promiscuité fâcheuse, ce voisinage qui rappelle la civilisation dans ce qu'elle a de plus violent et de plus brutal.

Des gardiens en uniforme, anciens soldats retraités, à la poitrine constellée de médailles militaires, veillent avec un soin jaloux au bon ordre et à la conservation du jardin, trop peu connu des Parisiens parce qu'il est quelque peu éloigné du centre de la capitale. Rarement, ces vigilants gardiens ont l'occasion de sévir, car les hôtes ordinaires du parc de Montsouris sont, en général, les mamans des quartiers voisins qui y conduisent leurs jeunes enfants et dont elles suivent d'un œil attentif les ébats sur le sable des allées; de paisibles promeneurs qui y viennent, le matin, lire tranquillement leur journal, au frais; l'après-midi y passer les heures d'oisiveté que leur permettent leurs rentes ou leur retraite. Le soir, des ouvriers, logeant aux environs, y vont jusqu'à la fermeture, différente suivant la saison, chercher une fraîcheur relative que ne peuvent leur procurer leurs logements exigus surchauffés par la chaleur de la journée. Le dimanche, ces bois touffus, ces chemins ombreux, s'égaient et s'animent davantage. La foule y afflue, foule mêlée d'ouvriers et d'employés, de ceux que ne tentent point les banlieues : ils trouvent à Montsouris un semblant de campagne.

En résumé, ce parc, d'une beauté réelle, aux sites charmants, aux vues panoramiques même, joie des yeux, d'un vert tendre au printemps, plein de nids et de chansons d'oiseaux, se montre dans toute sa splendeur aux beaux et chauds mois de l'été. A l'automne, il prend cette douce mélancolie dont la nature revêt toute chose à cette époque de l'année : c'est un charme de plus que ne dédaignent point les rêveurs quand vient la chute des feuilles. Pendant l'hiver, le jardin est naturellement à peu près désert; néanmoins il garde quand même ce caractère de majesté sereine qu'il possède, vu d'ensemble.

Pour tous, le parc de Montsouris est une ressource précieuse, il offre une retraite agréable, un endroit aimé, recherché, fréquenté des enfants, des malades, des vieillards et des paisibles promeneurs, loin des rues poussiéreuses de Paris, l'été.

SUR L'AVENUE

En été, cinq heures du matin viennent de sonner à toutes les horloges du voisinage ; des balayeurs se sont emparés des trottoirs qu'ils débarrassent des immondices déposées depuis la veille : papiers, feuilles de légumes, objets divers ; on ne se douterait jamais de ce que l'on peut trouver sur une voie parisienne fréquentée à la fin d'une journée.

A cette heure matinale, peu de monde sur l'avenue. Quelques ouvriers se rendant à leur travail, des chiffonniers fouillant dans les poubelles, de concert avec les chiens. Des agents, lentement, arpentent le bitume. Sur la chaussée, au grand trot, passent des voitures de laitiers, dont les boîtes en fer-blanc tressautent avec un bruit de ferrailles secouées. Un premier tramway apparaît, tramway pour les ouvriers dont il est d'ailleurs bondé : il y en a jusque sur l'escalier ; avec son chargement complet, il file à toute vitesse le long de l'avenue déserte.

Peu à peu les boutiques s'ouvrent. D'abord les boulangers, les bouchers ; les bars, les petits cafés ; des vendeuses de café au lait, installées sous une porte cochère, font chauffer leur liquide ; les marchandes de journaux reviennent avec leur provision de papier sentant encore l'encre d'impression ; elles ouvrent leurs kiosques, disposés le long de l'avenue et, tout en servant leurs clients, plient leurs feuilles.

D'heure en heure le décor varie. C'est maintenant sur le trottoir un incessant défilé d'ouvriers, d'ouvrières et d'employés allant à leur travail tout en lisant leur journal. La grande ville renaît à la vie interrompue la veille. La circulation, le mouvement se font plus actifs avec le va-et-vient continuel de gens affairés. Les derniers magasins, épiceries, pharmacies, charcuteries, coiffeurs, modes et nouveautés, à leur tour, ôtent les volets de leurs devantures. Les maisons en construction elles aussi s'animent : les treuils fonctionnent, les poulies grincent, les échafaudages se peuplent. Des commis, au visage bouffi, tout ensommeillé, disposent sur le trottoir qu'ils encombrent, les étalages retirés la veille au soir : un étroit passage est seul laissé à la circulation, gênée par cette fâcheuse habitude, des services publics tolérée, de placer des quantités de marchandises sur les voies publiques.

Sur la chaussée, le spectacle change : les tramways ont commencé leur service quotidien. Les porteuses de pain poussant devant elles leurs véhicules de forme spéciale, vont de maison en maison. Les premiers crieurs se font entendre pour annoncer leur marchandise qu'ils transportent dans des voitures à bras : marchandes de légumes ou de poissons. Des bicyclistes aussi déjà circulent entre les voitures de livreurs, les camions, les charrettes chargées de paille ou de foin. Peu de fiacres encore à cette heure matinale.

Un bruit de sonnette agitée lentement et par intermittence : c'est un tombereau qui recueille le long des rues les immondices ménagères contenues dans des boîtes ou des caisses, des poubelles. Ici, c'est un balayeur municipal conduisant son balai que traîne un cheval ; derrière vient un tonneau d'arrosage appartenant également au service de la ville. Un chevrier, à deux pas, accompagne son troupeau de biques qu'un chien surveille et guide. A la porte des fruitiers, des voitures de maraîchers, retour des Halles, déposent une cargaison de légumes frais qui vont être mis en étalage. A la terrasse des cafés, les garçons, serviette en main, en tenue du matin, frottent, nettoient, astiquent chaises, tables et banquettes.

Partout, en un mot, règne une activité prodigieuse, fébrile. Paris, dès le matin, offre l'image du travail. Aux différentes heures du jour, l'aspect des avenues et des boulevards se modifie, mais la même animation se manifestera. Sur la chaussée, même affluence de voitures de tous genres, de bicyclettes, voire d'automobiles ; sur les trottoirs, même foule de gens affairés. Survient-il un incident, se produit-il un accident, des rassemblements ont lieu : chacun est curieux de voir et de savoir ce qui se passe et des groupes se forment jusqu'à ce que les agents, intervenant, dressent une contravention, ou conduisent au poste de police voisin, chez le pharmacien proche et dispersent les attroupements.

Le soir, les terrasses des cafés se peuplent de consommateurs ; les mêmes passants que le matin, revenant de leur travail, de nouveau encombrent les trottoirs. Cependant, peu à peu, sur la chaussée, la circulation, de moins en moins active, se ralentit ; la nuit venue, tandis que les habitations et les cafés s'illuminent, les étalages sont, en hâte, rentrés par des commis désireux de jouir enfin de leur liberté. Dans la soirée, seuls, passent de rares fiacres aux lanternes allumées, et bientôt, dans l'obscurité faiblement éclairée par la lumière tremblottante des becs de gaz, sur le trottoir désert, l'on ne perçoit plus guère, avec la marche pressée de quelque noctambule attardé, et le lointain roulement d'une voiture, que le pas cadencé des sergents de ville, sur l'asphalte, marchant deux par deux. Tout repose aux alentours.

L'avenue, elle aussi, va sommeiller jusqu'au lendemain.

LE LONG DE LA BIÈVRE

Paris est arrosé par deux cours d'eau, mais il n'y en a guère qu'un de connu; à peine les Parisiens savent-ils le nom de l'autre, pour en avoir entendu parler. C'est que la Bièvre est à la Seine, ce que la lune est au soleil.

La rivière de Bièvre coule dans une partie des départements de Seine-et-Oise et de la Seine. On pense que le nom de ce cours d'eau lui vient des *bièvres* ou castors qui vivaient sur ses bords à une époque reculée.

Née dans l'étang de Saint-Quentin, près de Saint-Cyr (Seine-et-Oise), cette rivière passe à Bièvres, Berny, Villejuif, Arcueil, Gentilly, entre à Paris sous le nom de *rivière des Gobelins,* passe en égout près des Gobelins, sous le faubourg Saint-Marcel et, après un cours de quarante kilomètres, est reçue, au quai d'Austerlitz, dans le collecteur de la rive gauche qui la conduit au grand égout collecteur. Autrefois, la Bièvre se jetait dans la Seine près du pont d'Austerlitz.

Elle n'a pas toujours été la petite rivière docile que l'on connaît aujourd'hui et elle a plus d'une inondation à son actif, témoin celle-ci rapportée par l'Estoile dans ses *Mémoires*.

Les pluies de mars 1579 firent tellement grossir la petite rivière de Bièvre que, dans la nuit du mercredi 1er avril, elle crut durant trente heures et atteignit une hauteur de 14 à 15 pieds. L'eau monta jusqu'au grand autel des Cordeliers du faubourg Saint-Marcel.

Cette inondation subite causa la mort de nombreuses personnes, noyées jusque dans leur lit, ainsi que celle d'une quantité de bestiaux, sans compter la destruction de maisons, de moulins et autres édifices. On appela cette inondation le *déluge de Saint-Marcel*.

La Bièvre eut jadis une certaine renommée. Au XVe siècle, les teinturiers Gobelins fondèrent sur ses rives la célèbre usine, aujourd'hui manufacture d'État; la légende attribuait alors aux propriétés spéciales de l'eau la supériorité des couleurs obtenues; en 1673, les tanneries, bannies du centre de la ville pour leur insalubrité, se groupèrent dans le quartier Saint-Victor, déversant leurs résidus à la rivière.

Dès cette époque, la Bièvre devint un véritable égout; la situation, depuis, n'a pas changé : l'eau entre à Paris déjà polluée par les blanchisseries d'Arcueil et de Gentilly; elle ne fait que s'enrichir en matières putrescibles dans la ville.

Actuellement la Bièvre fournit de l'eau à un grand nombre d'établissements industriels (tanneries, blanchisseries, teintureries, etc.).

Un de ses bras, dit *bras mort*, a été comblé, et sa vallée remblayée; le principal cours a été en partie voûté et en partie comblé et remblayé, de sorte que la Bièvre a perdu de son importance. Les quelques endroits restant à ciel ouvert sont alimentés d'eau de Seine pour les besoins des industriels riverains. Mais la Bièvre elle-même, dans la traversée de Paris, coule entièrement en égout.

Ce qu'il y a de plus remarquable dans le cours actuel de la Bièvre, c'est sa vallée, hors Paris. Pour la majorité des Parisiens, c'était jadis tout un voyage pour se rendre dans ces vallées fleuries, par la Bièvre arrosées, sorte de paradis terrestre de nos ancêtres. Il y avait d'abord tout un long voyage à faire pour aller chercher le chemin de fer de Sceaux, situé derrière la place du Lion de Belfort, et qui y conduisait. Cependant, elles valent la peine d'être parcourues, surtout l'été, toutes ces charmantes promenades de la banlieue parisienne, eldorados magnifiques, campagnes pleines de fleurs, de soleil et d'ombrage.

Le dix-huitième siècle passait par là pour aller à Longjumeau, à Orléans, à Bordeaux, aux Pyrénées. C'était comme une sorte de voie appienne qui longeait la vallée de la Bièvre jusqu'au pont d'Antony, à travers les jardins et les prairies; une route large, admirable, se profilait sous une voûte d'arbres sans fin. Les bicyclistes, nos contemporains, semblent l'avoir retrouvée. Elle mérite d'être signalée aux excursionnistes des jours d'été.

Aujourd'hui, grâce à la ligne de chemin de fer de Sceaux prolongée jusqu'aux marronniers du Luxembourg, près du Panthéon, le centre de Paris se trouve à quelques minutes de cette région jadis si fréquentée.

Après avoir dépassé les dernières usines de Gentilly, on peut s'arrêter à Arcueil, qui fut, au siècle dernier, une solitude aimée de plusieurs savants qui s'y réunissaient en une sorte d'Académie connue sous le nom de « Société d'Arcueil », et qui se composait de Berthollet, Laplace, Gay-Lussac, Thénard, Biot, de Candolle, le baron Humboldt et d'autres encore.

A l'époque gallo-romaine, Arcueil alimentait les Parisiens d'eau potable fournie par les sources du Rungis. Elle était amenée à la cité par un système d'aqueducs dont on voit encore les ruines entre Cachan et Arcueil. Ceci prouve que nos ancêtres, même de Lutèce, ne buvaient ni l'eau de la Seine, ni celle de la Marne.

Plus tard, Marie de Médicis, à son tour, afin de s'approvisionner d'eau fraiche et pure, fit dériver les mêmes sources par les souterrains qu'avaient établis les ingénieurs de l'empereur Julien, afin d'alimenter les fontaines du Luxembourg.

Proche d'Arcueil, se trouve le village de Cachan, résidence d'été de Philippe le Bel, dont aucun vestige n'a subsisté. Tous ces villages du sud de Paris ont servi de séjour à plusieurs rois capétiens et ce joli pays fut en quelque sorte le Versailles du quatorzième siècle. Le manoir de Cachan fut donné en fief à Duguesclin.

Par une forte courbe, le chemin de fer se rapproche ensuite de Bagneux. Mais c'est en vain qu'on y chercherait le fameux bois, par la chanson popularisé, où il faisait bon cueillir la fraise à deux. Toutefois si le bois n'existe plus, les fraises et les cerises ne manquent pas dans cette riante campagne. Ce village possède une église fort remarquable qui est une petite Notre-Dame. Richelieu se plaisait à fréquenter Bagneux où il se rendait chez un favori.

De Bagneux à Fontenay-aux-Roses, la promenade est courte, dans un enchantement de verdure et de fleurs. Les rosiers, qui ont contribué à baptiser ce ravissant coin de banlieue où la nature semble avoir prodigué les trésors de ses merveilles végétales, approvisionnaient autrefois la cour et la ville.

Tout le coteau de Fontenay est couvert de petits bois d'un séjour agréable et délicieux. On y jouit de points de vue magiques sur un cirque immense de collines s'étageant, plaisir des yeux, de l'autre côté de la Bièvre. On ne trouve rien de semblable aux environs de Paris. Aussi ces beaux lieux sont-ils envahis, les dimanches de belle saison, par une foule d'habitués qui en font leur promenade estivale de prédilection du mois d'avril à la chute des feuilles.

A deux pas, le gracieux site de Robinson, avec ses restaurants, ses pavillons, ses chalets et ses bosquets, offre un endroit propice aux ébats des étudiants en goguette et un but de promenade recherché des noces sans étiquette.

Chaque année, en juin, les Rosati, société littéraire et artistique septentrionale, s'y rendent en groupe nombreux pour y célébrer leur fête des roses et saluer en vers et en prose leur compatriote, Jean de La Fontaine, à qui ils ont élevé un buste sur la place de l'église.

Les promeneurs qui, avant cette localité, ont hâte de jouir des splendides paysages qui se déroulent le long de la Bièvre, peuvent descendre à Bourg-la-Reine où l'on montre encore les restes d'une maison de plaisance que Henri IV y fit construire. Blanche de Castille, mère de saint Louis, y avait également une maison de campagne, et c'est de cette reine qu'est venu le nom de ce gracieux village. Faut-il rappeler Condorcet? célébrité légitime et douloureuse pour Bourg-la-Reine. La tombe du célèbre philosophe est aujourd'hui perdue dans le cimetière.

Au-dessus de Bourg-la-Reine, le chemin de fer serpente en courbes folles et pittoresques jusqu'à Sceaux, ville au passé de splendeurs princières. On y peut évoquer, par la pensée, les cours de Louis XIV et de Louis XV, car à présent, ce n'est plus qu'une bourgade rurale aux odeurs de ferme.

Du château, qui fut un palais somptueux, aux parcs merveilleux, il ne reste que la poussière. Le vent de la Révolution en a dispersé tous les débris avec les cendres de ceux qui habitèrent ce lieu de délices.

Annuellement, les Félibres, qui sont pour le Midi ce que les Rosati sont pour le Nord, y accomplissent un poétique pèlerinage aux bustes de Florian et d'Aubanel.

Telle est, en partie, la physionomie de cette charmante et pittoresque vallée de la Bièvre, recherchée des amateurs de promenades champêtres et qui, à plus d'un titre, mérite d'être connue.

LES CATACOMBES

Il existe sous Paris une vaste étendue de galeries, généralement ignorées de la plupart des habitants. Ce sont d'anciennes carrières de pierre à bâtir exploitées à différentes époques. On a pu déterminer approximativement les dates de ces exploitations.

Ainsi, les premières assises de l'église Saint-Germain-des-Prés, posées vers l'an 1200; une partie des tours Notre-Dame (XIIe siècle); la tour carrée du Temple, datant de 1212; les parties inférieures de l'église Saint-Séverin, reconstruite en 1347 et les vieilles constructions de l'ancien Hôtel-Dieu, antérieures à 1385, étaient en pierres dures provenant des carrières situées dans les faubourgs Saint-Michel et Saint-Jacques, à Montsouris, à Montparnasse, aux barrières d'Enfer et Saint-Jacques. D'après certains historiens anciens, il se pourrait que les palais et les temples romains, assez nombreux de Montmartre à Montrouge, eussent été construits avec les matériaux extraits des carrières comprises entre le boulevard Saint-Michel actuel et la Bièvre.

Des plans de Paris des XVIIe et XVIIIe siècles indiquent que des carrières étaient exploitées à cette époque à Montparnasse, à Vaugirard, à Montsouris et à la Butte-aux-Cailles. Il y en avait même encore en activité dans ces diverses communes lors de leur annexion, en 1860.

Pendant longtemps ces carrières servirent de refuge aux vagabonds et aux malfaiteurs; les contrebandiers les utilisèrent également pour échapper aux gens du fisc. Ces abus ne cessèrent qu'en 1777, c'est-à-dire lors de l'établissement du Service de l'Inspection des Carrières. Précédemment, un arrêt du Parlement, daté de mai 1548, ordonnait aux bourgeois de faire le guet, à tour de rôle, sur la route d'Orléans, pour se défendre des voleurs qui infestaient les carrières situées aux alentours de cette voie. Durant la Révolution, elles offrirent aux suspects des retraites sûres et servirent même de prison.

Jusqu'au milieu du XVIIIe siècle, l'existence des fouilles souterraines était restée presque inconnue des habitants : il fallut les effondrements de 1774, 1775 et 1776 pour les signaler par les victimes qu'elles firent et jeter l'effroi dans la population. Pour remédier à ce danger, on créa, en 1777, le service de l'Inspection des Carrières.

D'après une statistique dressée en 1886, la superficie des régions souterraines est de deux mille neuf cents hectares, tandis que la surface totale de la capitale est de sept mille huit cent deux hectares. L'ensemble des galeries souterraines a un développement de près de trois cents kilomètres. Le XIVe arrondissement est celui qui renferme l'étendue de galeries la plus importante; elles mesurent une longueur de soixante-quatre kilomètres cent quatre-vingt-quatorze mètres.

L'ossuaire constitue la partie la plus intéressante des catacombes du sud de Paris. Ces galeries souterraines sont faciles à visiter. Il suffit d'adresser une demande à la Préfecture de la Seine qui ne refuse jamais cette autorisation pour les visites publiques qui ont lieu le premier et le troisième samedi de chaque mois. Les personnes munies de cartes d'entrée doivent se trouver l'un des jours ci-dessus, à une heure, devant le pavillon de droite de l'ancienne barrière d'Enfer, place Denfert-Rochereau, 2. Il est bon, par mesure de précaution et pour se mieux guider, de se pourvoir d'une bougie que des camelots vendent d'ailleurs sur place.

A l'heure de la descente, les cartes sont reçues par un fonctionnaire du Service des Carrières qui compte les personnes présentes; des gardiens de la paix, chargés d'assurer l'ordre, assistent un autre employé qui, en tête, ouvre la marche.

Les visiteurs descendent dans les catacombes par un escalier situé dans un terrain appartenant à la Ville, au fond de la cour de l'ancien pavillon d'octroi. Il fut établi en 1799, pour les visites de l'ossuaire. Cet escalier, disposé en spirale, a quatre-vingt-dix marches; il conduit à une profondeur de dix-neuf mètres quatorze centimètres. Arrivé sur le sol souterrain, on se trouve dans une galerie de deux mètres de hauteur que l'on suit jusqu'à celle de l'avenue d'Orléans, laquelle conduit à une troisième située sous le chemin de fer de Sceaux, puis à une autre encore qui est celle de l'avenue de Montsouris et où se voient les importants travaux de consolidation de l'aqueduc d'Arcueil.

La plupart de ces galeries sont muraillées en maçonnerie des deux côtés; quelques-unes cependant n'en ont qu'un, construit en pierres sèches : l'autre est formé par le mur de la carrière. Une certaine humidité existe dans ces interminables corridors et parfois des gouttelettes suintent du plafond. De distance en distance, on lit des inscriptions, indéchiffrables pour qui n'en possède point la clef, telle celle-ci, prise au hasard, en lettres noires, gravées en creux : 4. G. 1783; elle signifie que la galerie sur laquelle elle est appliquée, est la quatrième d'une série exécutée en 1783, sous les ordres de M. Guillaumot.

En quittant l'aqueduc, on suit, à gauche,

une galerie non muraillée, à l'extrémité de laquelle on découvre la porte de l'ossuaire, portant à son frontispice ces mots : *Memoriam ad majorem*. Cette porte donne accès dans une chambre assez vaste que soutiennent deux piliers en maçonnerie, ornés de décorations funèbres fort simples.

L'ossuaire est situé dans un emplacement en forme de quadrilatère, sous l'avenue de Montsouris et les rues Dareau, Hallé et d'Alembert. Il occupe une superficie de onze mille mètres carrés. Les galeries ont une longueur de sept cent quatre-vingts mètres.

Les premiers ossements que l'on voit en entrant dans la nécropole proviennent des cimetières Saint-Laurent, Saint-Jacques du Haut-Pas, Saint-Jean, de la Trinité, Saint-Leu, du couvent des Carmes de la place Maubert et d'une ancienne léproserie qui existait rue de Douai.

Un peu plus loin on rencontre une source baptisée poétiquement des noms de *Source du Léthé* et de *fontaine de la Samaritaine*. Cette source forme un petit bassin circulaire qu'entourent des degrés. Puis viennent les ossements des cimetières Saint-Landri, Saint-Nicolas-des-Champs, des Innocents et de Saint-Étienne-des-Grès. Au milieu de cette crypte, désignée sous le nom de *crypte du Sacellum*, se dresse un autel en pierre. En continuant, on trouve d'autres débris humains provenant du cimetière des Innocents, de ceux de l'église de Saint-Esprit-en-Grève, et l'on pénètre ensuite dans une nouvelle crypte soutenue par deux piliers en pierre, qu'un petit monument, composé d'un piédestal et d'une sorte de coupe antique, décore : c'est la *lampe sépulcrale*.

Elle remplace un bloc de pierre pourvu jadis d'un vase où l'on allumait du feu pour aérer les galeries. Depuis longtemps l'aération se fait au moyen des puits servant à descendre les matériaux et les ossements.

En quittant cette crypte, on suit une nouvelle galerie où d'autres ossements s'alignent encore; ils viennent des cimetières des Innocents et de Saint-Nicolas-des-Champs. On montre aussi le soi-disant « tombeau de Gilbert », qui ne contient nullement les restes du poète. C'est un petit monument lacrymatoire en pierre sur lequel sont inscrits les vers connus :

Au banquet de la vie, infortuné convive,
J'apparus un jour et je meurs!
Je meurs et sur la tombe où lentement j'arrive,
Nul ne viendra verser des pleurs.

On pénètre ensuite dans une galerie irrégulière plus longue que les précédentes. Là sont déposés les ossements retirés de l'ancien cloître des Blancs-Manteaux, de Saint-Eustache, de Sainte-Croix-de-la-Bretonnerie, du cimetière Saint-André-des-Arts. Plus loin furent inhumées les victimes des premiers combats de la Révolution (Hôtel de Brienne, place de Grève, rue Meslay, faubourg Saint-Antoine, Tuileries, etc.). Quatre pierres tombales, ayant la forme de sarcophages, portent l'indication des endroits d'où proviennent ces débris.

Tous ces ossements, placés dans des galeries dont la hauteur ne dépasse pas deux mètres trente centimètres, sont disposés d'une manière symétrique, dont la régularité n'offre rien de pittoresque : c'est ce que l'on appelle les *façades;* derrière ces façades sont tassés, refoulés en *bourrages*, les côtes, les vertèbres, les sternums et autres débris. On n'y voit pas un seul squelette entier et les cordons de têtes de morts, les fémurs en croix n'arrivent pas à rompre l'uniformité continue des parements alignés le long des murs de cet *empire de la mort*, ainsi qu'une inscription, placée au-dessus de l'une des portes de l'ossuaire, désigne emphatiquement cet immense charnier. La lueur falote des bougies projetée sur ces débris macabres produit une impression fantastique.

En suivant une simple galerie d'inspection qui passe sous la rue Dareau, on arrive à l'escalier de sortie qui compte quatre-vingt-quatre marches et mesure dix-sept mètres cinquante-trois centimètres de hauteur. La visite dure environ une heure. Mais, avant de remonter à la surface du sol, on peut admirer deux *cloches de fontis :* ces vides proviennent de l'affaissement du toit de la carrière et de la chute des marnes argilo-calcaires. Ces deux cloches présentent un travail de maçonnerie unique en son genre. Il est destiné à empêcher la désagrégation des sables et des marnes du terrain supérieur et à prévenir le retour d'accidents du genre de ceux qui se sont produits boulevard Saint-Michel, rue de la Santé et passage Gourdon. Les deux cloches ont l'une onze mètres trente centimètres et l'autre douze mètres de hauteur.

Des visiteurs de marque ont tenu à voir les Catacombes. C'est ainsi qu'en 1787, le comte d'Artois, plus tard Charles X, y descendit avec quelques dames de la cour. En 1814, l'empereur d'Autriche, François Ier, les visita à son tour. En 1867, M. de Bismarck, qui trois ans après devait, hélas! se retrouver sous les murs de Paris, s'y rendit également en compagnie de plusieurs souverains étrangers, notamment le prince Oscar de Suède qui, en souvenir de sa promenade dans la cité des morts, fit poser une plaque avec deux sentences latines gravées en creux.

Le dépôt des ossements provenant des anciens cimetières de Paris, dont la suppression était réclamée depuis longtemps par les habitants de la capitale, remonte à l'époque de la fondation du Service des Carrières. L'idée en est due à M. Lenoir, lieutenant-général de police. En 1780, plusieurs personnes furent asphyxiées dans des caves de la rue de la Lingerie, situées près d'une fosse commune du cimetière des Innocents. Le Conseil d'État, par un arrêté en date du 9 novembre 1785, ordonna la suppression de ce cimetière. On choisit comme emplacement pour y déposer les ossements, les carrières de la plaine de Montsouris, au lieu dit : la *Tombe-Issoire*. Dès le mois d'avril 1786, les travaux d'aménagement des Catacombes destinées à devenir l'ossuaire général des cimetières de Paris étant terminés, on opéra la translation des ossements du cimetière des Innocents; elle se fit à la chute du jour. Les chars funèbres, recouverts d'un drap noir, étaient suivis de prêtres en surplis, chantant l'office des morts.

Depuis cette époque, on a successivement apporté dans les Catacombes tous les ossements provenant des cimetières supprimés, ainsi que les débris humains découverts par le percement de voies nouvelles ou les fouilles exécutées pour les fondations d'édifices. Cependant depuis l'existence de la crémation, une partie des ossements exhumés sont incinérés, de sorte que l'on peut considérer, sauf modification à l'état de choses actuel, les grands apports d'ossements dans les Catacombes comme terminés.

Il est difficile, et l'énumération en serait fastidieuse, dans cette courte étude sur la nécropole parisienne, de citer tous les hommes célèbres qui, d'abord enterrés dans les cimetières de Paris, furent ensuite transportés dans les Catacombes. Bornons-nous à quelques noms : Nicolas Flamel, Louvois, Fouquet, le jurisconsulte d'Aguesseau, l'homme au Masque de fer, l'historien de Thou, Jacques Coictier, médecin de Louis XI, la marquise de Pompadour, le cardinal Dubois, saint Vincent de Paul, Pierre Gassendi, philosophe et mathématicien, Rabelais, Biron, Dunois, Jean Nicot, Marat, l'architecte de la colonnade du Louvre, Perrault et son frère, l'auteur des

Contes de fées; les victimes de la Saint-Barthélemy et des massacres de septembre 1792. Pour plus de détails, on pourra utilement consulter l'excellent ouvrage que M. Émile Gérard a écrit sur les *Catacombes de Paris*, l'un des meilleurs et des plus complets qui aient été publiés jusqu'à ce jour sur les carrières souterraines de la capitale.

De nombreuses inscriptions funéraires, des sentences rimées ou empruntées aux auteurs sacrés sont gravées à profusion sur les murailles des Catacombes : souvent elles n'ont aucun rapport avec l'histoire de l'ossuaire parisien. M. Lemercier a recueilli et publié en un petit volume ces diverses inscriptions.

Les carrières de Paris ont été le théâtre de scènes tragiques ou mystérieuses. Plusieurs personnes, mues par une imprudente curiosité, se perdirent dans ces souterrains en s'y aventurant : recherchées à temps ou retrouvées par les rondes qui y sont faites régulièrement, bien peu y ont péri.

Depuis quelques années, certains industriels, des brasseurs notamment, ont utilisé les grandes carrières souterraines pour la fabrication de la bière. Grâce à quelques travaux de consolidation et d'aménagement, ils y ont installé des caves superbes, particulièrement propres à ce genre d'industrie. Dans quelques galeries du sud de Paris, entre autres des deux côtés de la Bièvre, on y pratique également la culture des champignons comestibles dont la capitale fait une énorme consommation.

Enfin, les Catacombes ont leur légende. Aujourd'hui encore les ouvriers du service des Carrières volontiers racontent, et très sérieusement, des histoires fantastiques, entre autres celle de cet être mystérieux, doué d'une agilité prodigieuse, qu'au siècle dernier on rencontrait encore dans les galeries de Montsouris, dont il connaissait tous les détours et où il se promenait seul et sans lumière.

Les sorciers et les magiciens, au moyen âge, se servirent de ces carrières pour exploiter la crédulité publique. Un nommé César, mort en 1615 dans un cachot de la Bastille, y montrait le diable aux dupes qui consentaient à le payer dans ce but.

Suivant l'historien Dulaure, il est fort probable que les diables qui s'y donnaient rendez-vous n'étaient que de simples détrousseurs de routes qui se servaient des carrières souterraines de Montsouris pour échapper aux gens de police, et que la fumée qui sortait du sol provenait simplement des feux qu'ils allumaient pour se chauffer ou faire cuire leurs aliments.

De nos jours, grâce à la complicité d'un ouvrier, quelques journalistes n'ont-ils pas eu l'idée singulière, d'organiser, une nuit, dans les Catacombes, un concert macabre, au milieu des ossements et des têtes de morts?

Sans offrir l'intérêt des Catacombes de Rome, de Naples ou de Sicile, celles de Paris n'en sont pas moins curieuses à plus d'un titre et méritent d'être visitées. Elles contiennent les ossements de cinq à six millions d'individus et, sous ce rapport, elles sont uniques au monde. Aussi, chaque année, attirent-elles des visiteurs dont le nombre se chiffre par milliers et va toujours croissant. Chose bizarre, les Parisiens les fréquentent moins que les étrangers : il est vrai qu'il en est de même pour les autres curiosités de la capitale.

LES CHANTEURS DES COURS

On ne les tolère pas dans toutes les cours les chanteurs ambulants qui, au long des jours, dans les quartiers populeux, ouvriers, vont, d'immeuble en immeuble, nasiller, chevroter, ânonner leurs romances surannées. Aujourd'hui, dans beaucoup de maisons, ces pauvres diables en sont bannis. Comme ressource dernière, à des ouvriers victimes d'accidents, à des infirmes réduits à la misère : aveugles que conduit une femme ou un enfant, manchots, boiteux, puisque la voix leur reste, à défaut d'organes ou de membres essentiels, ils s'en servent comme d'un gagne-pain. Rarement ils l'ont belle, encore moins juste; mais au miséreux qui écorche une chanson qui jadis fut en vogue, ce n'est point le talent que l'on récompense, mais plutôt la détresse que l'on secoure.

Vers les faubourgs, une succession de

cours s'ouvrent sur la rue étroite: logements d'ouvriers où fourmille, grouille toute une population d'enfants. Dès le matin, à partir d'une certaine heure, quand le concierge, autocrate de l'endroit, le permet, commence le défilé de ces professionnels d'un art lyrique peu élevé. D'une voix fausse ou usée, cassée ou faible, un premier couplet monte vers les mansardes. L'homme, visage blême, d'un œil inquiet, surveille les fenêtres où se voit la cage aux canaris entre une paire de bas et un torchon séchant. Après chaque couplet, le chanteur cesse sa mélopée: humblement, il se recommande par une formule débitée d'un accent qu'il tâche de rendre sincère. Son boniment récité, il reprend sa complainte qu'il lance vers les têtes curieuses d'enfants et de femmes qui, une à une, au-dessus de la barre d'appui, apparaissent. Parfois il s'interrompt au beau milieu d'une ritournelle pour dire un: « Merci, monsieur, dame » à quelque personne charitable qui vient de lui jeter un sou enveloppé de papier et qu'en se baissant péniblement, avec effort il ramasse ; puis, de la même voix monotone, sans timbre et sans chaleur, il achève sa romance. Celle-ci terminée, d'un geste vague soulevant sa coiffure, il remercie à la ronde et s'en va, d'un pas automatique, machinal, répéter plus loin sa chanson navrante et sa supplique apitoyée. D'aucuns à ce métier gagnent une honnête journée. Ils connaissent les maisons où « l'on donne ». Ayant parcouru tout Paris, avisés, ils choisissent un quartier productif et désormais, s'y cantonnant, ils y feront leur tournée habituelle. A jour fixe, presque toujours à la même heure, on peut les voir revenir, clients assidus et fidèles. On les reconnait à leur chanson, éternellement la même, à leur demande de secours, toujours formulée en termes pareils et sur le même ton.

***

Ils sont de tout âge et de toute condition ces chanteurs en plein vent à qui la musique sert de moyen d'existence : vieillards à cheveux blancs, hommes mûrs estropiés, jeunes gens maladifs, femmes escortées d'enfants, tour à tour apparaissent dans les cours aux murs lépreux, au pavage inégal où, plus sûrement que chez les bourgeois, ils savent qu'ils exciteront la pitié ; les riches interdisent l'entrée de leurs somptueuses demeures à ces mendigots, souvent des vaincus de la vie, qui, las de souffrir, abattus par l'adversité, de partout repoussés, sont cependant incapables d'aucune révolte.

Parmi ces artistes, qui sont légion sur le pavé de Paris, on rencontre des instrumentistes, violonistes, joueurs d'accordéon, de flûte ou d'instruments à vent ; d'autres visent à être ténors ; il en est qui sont barytons, d'autres enfin interprètent la chansonnette et certains ne pratiquent que le monologue. Par quels avatars tous ces malheureux, vêtus de hardes misérables, qui en sont réduits pour vivre à implorer la charité publique et à intéresser par l'audition de quelque rengaine vieillotte, ont-ils dû passer avant d'en arriver à ce genre de mendicité déguisée qui leur procure les quelques sous nécessaires à la subsistance quotidienne et au taudis crasseux de quelque hôtel borgne où, fourbus, ils rentrent dormir d'un lourd sommeil à la fin d'une exténuante journée après avoir durant de longues heures arpenté les trottoirs de la grande ville ?

SOUS LES TOITS

Les impressions ressenties de la fenêtre d'un sixième étage à Paris sont curieuses à plus d'un titre. C'est tout un monde nouveau que l'on découvre à cette hauteur, monde étrange, fantastique, de toits et de cheminées. Peu à peu, cependant, le regard s'accoutume au spectacle environnant et l'on peut analyser ses sensations.

Au premier abord, la vue, promenée droit devant soi, atteint la ligne d'horizon faite de lointains par la brume estompée. Plus près, ce sont les rues, semblables au lit de profonds canaux. Les êtres humains qui y circulent apparaissent rapetissés par la distance. Au-dessus de la tête, c'est le ciel, voûte immense. Accoudé à la balustrade de métal qui empêche de faire le saut, mais ne préserve point du vertige, on éprouve comme la sensation du danger qui vous attire et, si l'on reporte ses yeux plus haut, ils nagent dans l'azur où la pensée se concentre et s'immobilise.

Le vent, que rien n'arrête, y règne presque constamment; il souffle plus violemment qu'au ras du sol quand il est assez fort. En abaissant les regards, on aperçoit les maisons aux toits inégaux, serrées les unes contre les autres, et l'on distingue un fouillis de lignes géométriques peu gracieuses. Les cours apparaissent des puits et, entre les bâtisses, émergent çà et là des taches de verdures formées par la cime des arbres. Et toujours, toujours, aussi loin que la vue peut porter, des amas de pierres grisâtres, des pans de murs de briques rougeâtres, et au-dessus, le ciel encore, aux aspects divers suivant les saisons. Oh! ce ciel! Là est la poésie, l'harmonie; là est la couleur insaisissable en ses multiples transformations. C'est un poème, c'est un chant, c'est un tableau. L'infini vous attire et c'est à regret qu'on le quitte, qu'on s'en arrache... Tandis que d'en bas montent les rumeurs sourdes des rues, les mille bruits confus d'un peuple au travail.

A droite et à gauche, saillent au-dessus

de l'océan des toits les parties les plus élevées des monuments publics; la tour Eiffel, ce grand clou bête et laid, moins laid cependant en bas qu'en haut, car son extrémité inférieure a quelque vigueur. Puis c'est le clocher grêle de quelque église voisine, et l'admirable vers de Gautier vous revient à la mémoire :

Un clocher vers le ciel comme un doigt s'élevant.

Au loin, on éprouve la désillusion d'un panorama trop complet, perdu, fuyant, où l'intérêt se disperse parce que l'effet n'est nulle part. C'est ce que produisent les vues circulaires, moins nettes, moins apparentes que les vues *appuyées*, c'est-à-dire celles formant tableau.

Enfin, à l'extrême limite de l'horizon, le Sacré-Cœur et Montmartre se perdent dans un lointain indistinct plutôt deviné qu'entrevu; le soir, les lumières les parsèment de clartés sans nombre; le spectacle est alors tout différent de celui du jour.

Le coup d'œil d'une grande ville comme Paris, vue de haut, est certes loin de la banalité et l'on passerait de longues heures dans cette contemplation qui vous tient sous le charme sublime de l'infini, du rêve...

LA RENTRÉE DES CLASSES

Dans les premiers jours d'octobre, une date préoccupe vivement bambins et mamans : c'est celle de la rentrée des classes. Depuis deux mois, de bienheureuses vacances procurèrent à toute une population enfantine une ère de liberté à laquelle le retour de l'automne vient fâcheusement mettre un terme. Aux courses folles, aux jeux sans fin, qui, au long des jours, furent l'unique occupation des enfants de tout âge, il faut dire adieu. Les classes moroses, pour dix mois, vont reprendre leur cours ordinaire : c'est l'enseignement obligatoire.

Ce n'est pas une petite affaire que cette reprise des travaux scolaires. Depuis plusieurs jours, dans la famille, aux repas, on en parle et l'on s'y prépare. Enfin, le jour attendu est arrivé. La porte de l'école s'ouvre à huit heures ; dès cet instant, dans le matin grisâtre, commence vers les établissements d'enseignement primaire un exode curieux. Les grands, sac au dos, s'y rendent seuls, mais les moyens et les petits y sont conduits par leur mère ou leur grande sœur. Il faut voir tout ce petit peuple enfantin, en habits neufs, ou tout au moins d'une grande propreté, marcher sagement, l'air presque grave en dépit de l'âge, comme s'il s'agissait d'un événement important. C'est que, pour beaucoup, s'ouvre une existence toute nouvelle dont cette sortie matinale est le prélude. Ils n'allèrent jusque-là qu'à l'école maternelle, mais aujourd'hui c'est à la grande école, comme ils disent en leur langage à eux, qu'ils vont entrer, et cette idée les impressionne un peu. A côté de ceux-ci, il est vrai qu'il y a ceux que rien n'émeut. A la porte, néanmoins, surtout chez les plus jeunes, la séparation n'a pas lieu sans difficulté et plus d'une larme est versée, que la maman, par de bonnes paroles, s'efforce de sécher.

***

La cour de l'école peu à peu s'emplit d'élèves, moins turbulents cependant que d'ordinaire. Des rassemblements se forment et l'on cause, mais sans animation. Peu ou point de jeux : cette rentrée s'opère dans le calme. Les habitudes, brusquement rompues, désorientent tout ce petit monde. Seuls, les plus jeunes, avec la belle insouciance et le besoin de mouvement propres à leur âge, courent quand même à travers les groupes. On n'entend que l'immense brouhaha, à peine coupé de quelques cris, d'une foule paisible réunie. Chez les jeunes filles, même tableau, avec plus de tranquillité encore ; les langues seules marchent ; on se raconte, entre amies, les incidents survenus depuis la séparation. Des scènes analogues à celles que présentent les garçons, se produisent. Les mamans aussi guident par la main les fillettes portant, les unes le cartable neuf plein de livres et de cahiers ou le panier bourré de provisions pour le repas de midi, qui se fera dans le préau de l'école.

Maîtres et maîtresses surviennent également. Il y a entre eux un échange de politesses et d'impressions de vacances. Parfois, parmi eux se voit une figure inconnue, nouveau venu dans le personnel : il est l'objet de la curiosité des écoliers. Le directeur aussi est à son poste, dans son cabinet, pour recevoir les parents qui ont des communications à lui transmettre.

Mais la demie de huit heures vient de sonner à une horloge voisine. Un coup de sifflet retentit. C'est le signal convenu pour l'entrée en classe. En même temps que tout bruit cesse, un mouvement se produit : les rangs se forment ; les maîtres, en tête de leur division, donnent un ordre bref et la colonne s'ébranlant, deux par deux, les élèves entrent dans leurs classes respectives. Le directeur, à l'écart, d'un œil vigilant, surveille.

*
* *

Au seuil de la porte, quelques mamans sont restées. Au bambin qui leur jette un dernier regard, elles font un léger signe de tête, muet encouragement et suprême recommandation. Sur le trottoir, quelques commères, bavardes incorrigibles, tandis que, suivant le règlement, la porte est refermée, s'attardent à caqueter.

C'est fini. Durant trois heures, les environs vont demeurer silencieux. Le passant indifférent qui longe les murs du bâtiment scolaire ne sera prévenu du voisinage de cette ruche enfantine que par le bourdonnement des élèves épelant l'alphabet ou la voix d'un maître expliquant une leçon ou corrigeant un devoir.

En voilà pour dix mois d'existence studieuse, de cette vie d'école où l'enfance s'instruit et que coupent les tracas passagers, les futiles ennuis, peines légères vite oubliées à cet âge candide et mobile prompt à la joie.

DANS UNE PHARMACIE

Sur le trottoir, un rassemblement de badauds s'est formé. Tous les cous sont tendus, les têtes, avides de voir et de savoir, se dressent vers une vitrine. Dans les rangs pressés des passants arrêtés, les interrogations se posent : Qu'y a-t-il? Que s'est-il passé? D'un pas plus vif qu'à l'ordinaire, le sergent de ville, de service à cette heure, se hâte, lui aussi, pour disperser cet attroupement insolite. Dès son arrivée, il interpelle les premières personnes et s'efforce de faire circuler les gens immobilisés, afin de rendre au trottoir son aspect habituel; avec peine il obtient le résulat désiré, car la curiosité, si naturelle à la nature humaine, veut, cherche à tout prix, à être satisfaite. Lui-même, afin de rédiger son rapport à ses chefs, s'informe. Tantôt, c'est une femme qu'un véhicule a effleurée ou renversée, un ouvrier victime d'un accident, une personne atteinte d'une crise de nerfs, un enfant blessé par imprudence. Et toutes ces gens dont l'état réclame, nécessite des soins urgents, des passants charitables se sont empressés de les conduire à la pharmacie la plus proche. Eux entrés, la porte s'est refermée sur les indiscrets: Les badauds qui surviennent, se contentent de stationner et de s'intéresser, sans voir, à ce qui se passe à l'intérieur. Ils donnent des détails, fournissent des renseignements aux nouveaux venus qui s'informent, sans savoir eux-mêmes, la plupart du temps, de quoi il s'agit.

***

Éclairées largement par de vastes baies, la plupart des pharmacies actuelles sont aménagées avec un luxe sobre et sévère, de bon goût; une propreté minutieuse y règne. Sur un des côtés, se trouve un simple bureau-caisse; tout autour de la pièce courent des rayons supportant des bocaux sans nombre, aux inscriptions latines, legs d'un autre âge. En des vitrines sont disposés par rang de taille, bien alignés, dans un ordre parfait, fioles, flacons, bouteilles et boites garnies d'étiquettes. Sur la table centrale, parfois demi-circulaire, où se préparent les ordonnances, reposent les mortiers, les creusets et les pilons, les alambics, les éprouvettes, les compte-gouttes, les entonnoirs, etc. Ailleurs, bien en évidence, sont accrochés, pendus, étalés, les appareils divers trop nombreux pour être énumérés et décrits, et à la confection desquels entre le cuir, la laine, le caoutchouc, la toile et le crin. Le soir, lorsque le gaz ou l'électricité font scintiller tous ces cristaux, des bocaux de couleur rouge, jaune, verte ou bleue, placés à la devanture, désignent aux passants l'établissement pharmaceutique.

Dans une pièce voisine ou dans un sous-sol aménagés à cet effet, se trouve le laboratoire pour la préparation en grand des différentes substances et produits d'une vente courante. Là sont installés les fourneaux et les alambics pour la distillation et les travaux de la pharmacopée.

Les pharmacies jouent un rôle important dans la société moderne; elles exercent sur la masse du public une sorte d'attrait mystérieux. N'est-ce pas là en effet que l'on se pourvoit des remèdes aux maux dont est atteinte notre pauvre humanité, que l'on demande un adoucissement, un soulagement et souvent la guérison aux souffrances? Derrière une sorte de comptoir caché intentionnellement aux regards du public, le pharmacien, en la science duquel chacun a foi, élabore patiemment et avec soin les médicaments prescrits par les ordonnances des médecins. C'est dans cet espace, au public interdit, que, tels les alchimistes du moyen âge, précurseurs de la chimie contemporaine, il prépare, dose, combine les potions, les pilules, les poudres, les élixirs, les mixtures à l'efficacité desquels on s'en remet du soin de recouvrer la santé.

***

Le pharmacien n'est pas un commerçant ordinaire, et pour exercer dignement sa profession, il doit posséder certaines qualités indispensables. Tout en servant ses clients, il s'intéresse à leur état; d'un air aimable, il indique le mode d'emploi des remèdes livrés et il accompagne ses recommandations de paroles qui donnent espoir et réconfort.

C'est une foule diverse qui défile journellement dans l'officine du pharmacien. Toutes les classes de la société y sont représentées, toutes les conditions, tous les âges sont mêlés et confondus, et à tous, pour lutter contre la redoutable concurrence, il doit montrer un visage souriant, une bonne grâce parfaite; accueillir avec la même urbanité ceux qui viennent acheter pour quelques sous comme ceux qui font une commande importante. Prévenant avec l'homme du monde, il écoute complaisamment, avec bienveillance même, le récit des commères du quartier lui narrant par le menu les phases de la maladie d'un mari ou d'un bambin. Les scènes les plus inattendues se déroulent dans ce milieu, sorte d'endroit public. Il doit s'armer de patience avec les bavards et vaincre une naturelle répugnance, un instinctif dégoût devant l'étalage de plaies qui choquent la vue. Lié par le devoir professionnel, on sait qu'on peut compter sur sa discrétion et, involontairement, parce qu'il inspire confiance, il surprend plus d'un secret de famille, est initié à plus d'un détail intime.

Le vendeur de drogues des siècles précédents, que dédaigneusement on appelait un apothicaire, a fait place au pharmacien actuel, souvent doublé d'un chimiste expert, qui honore sa profession par la dignité de sa vie et une science réelle. Les services de tous genres rendus par les pharmaciens à la société sont innombrables, leur utilité incontestable, leur mission noble et élevée, leur responsabilité grande.

LE DÉPART DE LA CLASSE

Chaque année, vers la mi-novembre, a lieu le départ de la classe. Pour tous les jeunes gens reconnus « bons pour le service » au dernier conseil de revision, l'heure a sonné de rejoindre leur garnison. La feuille de route, reçue quelque temps auparavant, leur fit connaître la ville où se trouve le régiment auquel désormais ils appartiennent, les uns, les heureux, pour un an, les autres, pour trois années. Car le départ des conscrits s'effectue en deux fois, à quelques jours d'intervalle.

A la date fixée pour le départ, de tous les points de la capitale se rendent aux gares ceux qu'en argot militaire on appelle des « bleus ». Les rues avoisinantes, à certaines heures, se peuplent soudain et présentent une vive animation. Par groupes, les conscrits arrivent, accompagnés de parents et d'amis, et c'est bruyamment qu'ils quittent la vie civile. Tous ces conscrits témoignent une gaieté, une exubérance à laquelle les stations chez les marchands de vin ne sont peut-être pas étrangères. En effet, avant l'adieu final, on trinque une dernière fois sur le zinc d'un mastroquet voisin. Et ce sont des cris, des appels, des rires, des lazzis, des lambeaux de refrains militaires qui se prolongent jusque dans les salles d'attente où les billets sont pris tumultueusement dans le brouhaha et le désarroi d'un départ précipité. Là, c'est un pêle-mêle pittoresque et bizarre; si l'âge est le même, toutes les conditions sont confondues : l'ouvrier, l'employé en veston, en jaquette, coudoient l'opulent fils de famille en costume sorti de chez le bon faiseur; tous fraternisent déjà. A peine si, à l'écart, un grand garçon sentimental, dédaignant de se mêler aux ébats joyeux de ses camarades, comme honteux de son émotion, retient à grand'-peine ses larmes en embrassant une dernière fois ses parents. Peu à peu, cependant, les salles se vident, les quais sont envahis, les wagons s'emplissent d'une foule turbulente.

Tandis que cet exode s'opère, un autre spectacle peut se voir sur différents points de Paris. C'est l'arrivée des conscrits de province, des gas de la campagne, aux épaules trapues que la blouse recouvre. Par escouades, ils sont reçus à la gare et, conduits par un sous-officier vers les lointaines casernes, ces exilés du village natal, Bretons de l'Armorique et Normands du pays d'Auge, se trouvent désorientés dans la grande ville dont ils contemplent les hauts édifices d'un regard ahuri, tandis qu'ils vont par les longues avenues d'un pas gauche, nonchalant, inhabitué au pavé, portant d'une main la valise ou le paquet contenant le linge réglementaire.

*
* *

Tous ces jeunes gens à l'enthousiasme facile, dont l'âme chante l'espérance de leurs vingt ans radieux, seront demain les petits pioupious français, au cœur vaillant, alertes et insouciants, et plus d'un rêvera, le soir en s'endormant, aux galons à conquérir, après avoir donné un souvenir aux vieux parents dont le foyer, par leur départ, est devenu plus désert et plus triste, et qui, eux aussi, résignés à une séparation temporaire, de leur côté, songent à l'absent.

AU BUREAU DE POSTE

« Pardon, Monsieur, le guichet du télégraphe, s'il vous plaît?

— Le troisième à gauche. »

Il n'est pas rare d'entendre ce dialogue ou quelque autre semblable, avec de légères variantes, dans les bureaux de poste de quartiers, car, malgré les inscriptions bien apparentes placées au-dessus des guichets, nombre de personnes n'y prennent garde et entrent, l'air empressé, affairé, allant, venant, une lettre ou des papiers à la main.

Ils se ressemblent presque tous, les bureaux de poste, d'ordinaire aménagés fort simplement, aux murs badigeonnés en blanc, en vert ou en jaune clair, sur lesquelles sont collés des affiches et des règlements postaux.

Après avoir franchi la porte d'entrée, on se trouve dans une sorte de couloir fermé, d'un côté par le mur de la pièce et de l'autre par un grillage derrière lequel se tiennent les employés. Le long de ce grillage court une tablette à l'usage du public. Assis en face de leurs guichets respectifs, les employés de l'administration des postes et des télégraphes, toute la journée, du receveur, dont le bureau est proche, surveillés, griffonnent sur des registres, des livres à souches, remplissent des mandats, délivrent des timbres, des cartes postales, des bons de poste et expédient des télégrammes. On reproche généralement à ces employés leur plus ou moins de courtoisie envers le public : au fond, peut-être sont-ils quelque peu excusables, étant donné leur continuel contact avec de nombreuses personnes, parfois exigeantes, l'énervement produit par la répétition d'un travail monotone, l'atmosphère surchauffée dans laquelle ils vivent. Ces diverses causes ne sont pas étrangères à un état d'esprit qu'on voudrait voir différent. Dans quelques bureaux le service est fait par un personnel féminin.

Dans un coin de l'espace au public réservé, se trouve la cabine téléphonique, près de laquelle se tient constamment en permanence un employé chargé de répondre aux coups de timbre ou de demander des communications par des « Allo! allo! » répétés. A l'un des murs, bien en évidence, une pendule est accrochée, au-dessus d'une tablette longue et étroite, d'une propreté douteuse, pourvue d'encriers et de porte-plume pour la rédaction des télégrammes dont les imprimés sortent d'une boîte fixée à la muraille.

Dans le fond de la pièce, interdite au public, des tables sont disposées sur lesquelles les facteurs timbrent les lettres et les journaux, qu'ils classent ensuite avant de les distribuer de rue en rue. De là aussi partent à chaque minute les télégraphistes, des jeunes gens pour la plupart.

Aux approches du jour de l'an, la besogne des employés et des facteurs se trouve considérablement augmentée, par la distribution des cartes de visite, notamment. Pour ces derniers, à chaque locataire des immeubles qu'ils ont desservi toute l'année, ils offrent un calendrier avec le secret espoir de recevoir en retour les obligatoires étrennes, usage traditionnel. Cette sorte de salaire supplémentaire vient grossir quelque peu la maigre rémunération de ces modestes et probes fonctionnaires.

L'administration des postes, des télégraphes et des téléphones, que l'Europe n'a pas à nous envier, rend néanmoins au pays d'inappréciables services, malgré de trop réelles imperfections, des négligences regrettables, et des réformes utiles et urgentes qui méritent d'attirer et de fixer la sollicitude des pouvoirs publics.

LE MARCHÉ AUX CHEVAUX

A l'angle des boulevards Saint-Marcel et de l'Hôpital, un marché se tient, connu sous le nom de Marché aux chevaux. Il est établi sur un emplacement en forme de vaste cour au sol pavé, pourvu de hangars abritant des stalles. Le long de l'allée centrale sont plantées des bornes en pierre reliées par des barres de fer auxquelles on attache les chevaux. A une extrémité se remarque une sorte de piste montante et descendante où trottent les animaux attelés. C'est dans cet espace enclos de murs garnis de grilles en fer qu'ont lieu, deux fois la semaine, le mercredi et le samedi, la vente des animaux de race chevaline et de quelques échantillons d'autres bêtes de somme : mulets et ânes.

Chaque dimanche, de midi à cinq heures, un autre marché très populaire et non dépourvu de pittoresque, y a lieu également : c'est le marché aux chiens. Tous les marchands de chiens de la capitale s'y donnent rendez-vous et dans une portion du Marché-aux chevaux figurent, pour la vente exposés, tous les représentants de la race canine, depuis le molosse aux crocs redoutables, le doux terre-neuve aux formes puissantes, la svelte levrette et l'énorme danois jusqu'aux inoffensifs, délicats et minuscules toutous.

Durant l'après-midi, retentissent les aboiements de ceux qu'on a appelés avec juste raison « les amis de l'homme »; à entendre ce charivari au cri unique, mais de tonalités différentes, on se croirait transporté dans quelque immense chenil. Pêle-mêle, dispersés çà et là par groupes ou isolés, tous les spécimens de races aussi nombreuses que variées, tenus en laisse ou attachés, attendent les acquéreurs, les uns debout, d'aucuns assis, l'air presque résigné, mais en somme étonnés du milieu, dépaysés. C'est un monde bizarre de professionnels et d'ouvriers sans travail que celui qui fait commerce de chiens. Aux personnes en quête d'un point de vue pittoresque, aux badauds qui, sans but de promenade bien déterminé, suivent la foule et entrent là par hasard, aux amateurs de chiens, chaque vendeur, empressé, fait l'article, les presse, les harcèle, leur vante les mérites des quadrupèdes par eux élevés ou acquis, Dieu sait comment, et dont il espère tirer profit; souvent ils donnent, sans en rien savoir, le nom et l'âge des bêtes dont ils veulent se débarrasser et fournissent mille autres détails.

Ils vendent, néanmoins, où las d'attendre des clients réfractaires, peu à peu, avec le jour s'avançant, le marché se fait désert, les bruits deviennent de plus en plus rares. Les promeneurs se retirent et, derrière ceux-ci, les marchands.

Quelques jours après, le spectacle change. Aux aboiements, aux jappements, aux grognements succèdent des hennissements. Dans le même décor, ce sont d'autres animaux qui sont exposés. Ils occupent tout le marché. En rangs serrés, se pressent des échantillons de toutes les races chevalines : puissants boulonnais aux croupes énormes, destinés aux lourds fardiers et aux pesants camions; fins percherons, rapides d'allure et propres néanmoins à la traction; poneys, chevaux de luxe, de selle, piaffant et s'ébrouant; il s'y voit jusqu'à des chevaux de fiacres, maigres haridelles, rossinantes efflanquées, voire même d'humbles et débonnaires baudets, des mules et des mulets. L'équarrisseur y trouve son affaire comme le modeste commerçant qui vient là faire choix d'un cheval de trait, de même que le fils de famille y peut renouveler son écurie.

Derrière les animaux exposés, tels qu'en une vaste écurie, fouet en main, vont, viennent, circulent, maquignons et acheteurs. Les premiers, en blouse bleue, à l'accent étranger à la capitale et rappelant le pays d'origine, énumèrent longuement les qualités de leurs bêtes. De temps en temps l'une d'elles est détachée et, dans les groupes qui se rangent pour la laisser passer, un valet, habile à cet exercice, la fait trotter, la tête haute. Les acquéreurs font cercle autour de l'animal : on lui examine les sabots, les dents, on le palpe, on le sonde; des prix sont débattus et finalement, après bien des pourparlers, des hésitations, les transactions se concluent.

C'est un va-et-vient continuel sur le marché, des appels, des cris, des jurons, des claquements de fouets, des bruits de sabots sur le pavé, des marches au pas, au trot, des galopades.

Près de là, sous un hangar, s'opère une vente d'un autre genre : celle des voitures exposées, mais là, le marché est plus calme ; on y peut acquérir tous les véhicules désirables : tapissières, camions, chars-à-bancs, coupés, paniers, breaks et jusqu'à de modestes voitures à bras.

Vers le soir, le marché fini, les cafés voisins s'emplissent d'une foule bruyante, car vendeurs et acquéreurs s'y sont donné rendez-vous pour sceller au comptoir ou régler le prix de la vente convenue. En toute saison, les abords du marché regorgent d'une cohue au verbe haut, à l'allure pesante, aux manières communes, tandis que près de là, par les rues et les boulevards, passent et repassent sans cesse, tenus en main par les maquignons et leurs aides, les représentants de ceux que M. de Buffon a déclaré être « la plus noble conquête que l'homme ait jamais faite ».

— —

LES SAPEURS-POMPIERS

En plein jour, dans la soirée, au milieu de la nuit, au loin, soudain des sons rauques, brefs, se perçoivent; faibles d'abord, puis plus retentissants à mesure qu'ils se rapprochent, ces appels précipités, tel un tocsin, ont quelque chose de sinistre. Au galop effréné de deux vigoureux chevaux, passe à une allure vertigineuse, terrifiante, une pompe à incendie, laissant derrière elle un sillage de cendres rougies, une épaisse traînée de fumée. Pour lui faire place tout se range sur son passage : voitures, piétons et bicyclistes, tandis que, sur les trottoirs voisins, les badauds s'arrêtent pour voir défiler le rapide convoi formé par les fourgons peints en rouge portant les échelles de sauvetage et les divers accessoires et engins servant à combattre le feu; les pompiers, aux casques brillants, assis sur les sièges ou debout sur les voitures, insouciants, causent, rient, fument.

Tout à coup les attelages s'arrêtent près de l'avertisseur d'où leur est venu le signal. L'officier qui commande l'escouade s'informe; le numéro de la maison en péril reçu, les chevaux, de nouveau enlevés, repartent au grand trot. Chacun sait en quoi consistent ces avertisseurs d'incendie : une colonne en fonte supportant, dans sa partie supérieure, un appareil pourvu d'une vitre qu'il suffit de briser pour qu'aussitôt une petite porte s'ouvre automatiquement. Il ne reste plus qu'à téléphoner au poste de pompiers.

Souvent le motif de ces déplacements est des plus futiles : les incendies graves sont heureusement assez rares. Parfois aussi les sorties des pompiers ne sont que de simples manœuvres. Le passage bruyant des pompes avec leur attirail retentissant, tapageur, par les voies parisiennes animées ou silencieuses, n'en sème pas moins l'épouvante, répand l'affolement, glace de terreur la population à qui ces sons de trompe annoncent un malheur, signalent un danger imminent, présagent un désastre, peut-être une ruine.

*
* *

Le public est difficilement admis à visiter les casernes de sapeurs-pompiers. Lorsque les pompes sont remisées, les portes en sont rigoureusement closes et nul, s'il ne montre patte blanche, ne peut pénétrer à l'intérieur.

Le régiment des sapeurs-pompiers de Paris se recrute parmi les jeunes soldats nouvellement incorporés sur toute l'étendue du territoire français. Par petits groupes, les hommes choisis sont dirigés sur la capitale. L'effectif officiel du régiment des pompiers est actuellement de 1.754 hommes se décomposant en 52 officiers et 1.702 hommes de troupe, sous-officiers, brigadiers et sapeurs. Afin d'être aptes à rendre les services qu'on attend d'eux, les nouveaux venus sont soumis tout d'abord à l'instruction commune aux conscrits, puis, ils en subissent une autre plus spéciale. Après un enseignement théorique de plusieurs mois, il reste au jeune sapeur à acquérir la pratique de son métier; il est vrai qu'alors il est devenu soldat d'élite. Il suffit pour s'en rendre compte de les voir défiler dans les rues par pelotons : leur démarche souple et rythmique, la cadence, la symétrie et l'ensemble de leurs mouvements, tout dénote une pratique constante des exercices physiques, un entraînement continuel et méthodique, une éducation martiale, développée.

Le régiment des sapeurs-pompiers est divisé en douze compagnies réparties sur l'ensemble de Paris dans douze casernes portant le nom de postes de secours. Dans chacun de ces postes, une pompe à incendie, objet de soins minutieux, est remisée. Le foyer en est constamment préparé de sorte qu'au moindre avertissement, il suffit d'enflammer les matières éminemment combustibles qui servent à l'allumer pour que la vapeur se formant durant le trajet, la machine se trouve sous pression et prête à fonctionner en arrivant sur les lieux du sinistre. De plus, les harnais des chevaux sont disposés de telle sorte qu'entre le signal reçu à la caserne et le départ, quelques instants à peine s'écoulent.

Les obligations des sapeurs-pompiers ne se bornent pas uniquement à combattre les incendies. Le régiment doit fournir pour les représentations théâtrales, les concerts publics, etc., un certain nombre d'hommes de service, sans parler des circonstances fréquentes où ils sont appelés à prêter leur concours; qu'il s'agisse d'une inondation, d'un accident grave de maison en construction, d'une avarie survenue sur la voie publique, de courir sur les toits à la recherche d'un criminel ou d'un cambrioleur, c'est toujours aux pompiers que l'on a recours.

Leur vigilance est sans cesse en éveil, leur dévouement et leur courage sont au-dessus des éloges. Ces humbles, héros obscurs, esclaves de la discipline et trop souvent, hélas! victimes du devoir, accomplissent une besogne pénible et non sans périls. Ces qualités les ont à bon droit rendus populaires et leur bravoure mérite d'être exaltée, car ils font œuvre utile dans la société. Il est vrai qu'en revanche, justice légitime, leur condition est sensiblement différente de celle des autres soldats. La Ville de Paris, pour son régiment de sapeurs, a compris son devoir. Elle a amélioré leur casernement et veille avec sollicitude à leur entretien ; leur solde est plus élevée que celle des autres troupiers, ce qui n'est que justice, car leur vaillance est à toute épreuve et les efforts déployés justifiés par ce mot d'un de leurs officiers : « Depuis que je vais au feu avec mes hommes, je n'ai jamais eu qu'une chose à faire : les empêcher de se trop exposer et de se faire tuer. »

SOUS TERRE

Le Métropolitain, dont on a tant parlé, n'est plus un mythe. Déjà depuis quelques années, une sorte de tronçon était hardiment entré dans la capitale, la trouant souterrainement, de Montsouris au Panthéon. Mais ce n'était là qu'un timide essai du vaste réseau à l'avance tracé et qui doit, ramifiant ses lignes nombreuses sous Paris, en desservir les principaux quartiers, jusqu'aux points extrêmes.

Une ligne plus importante vient d'être créée, reliant la place du Trône à la porte Maillot, travail gigantesque, semblable à celui qu'aurait accompli quelque monstrueux et formidable termite creusant le sol parisien d'une audacieuse galerie. Cependant il n'y a rien que d'humain dans ce travail renouvelé des temps antiques. Le génie de nos ingénieurs, aidé par la science comtemporaine et les puissants moyens mis à leur disposition par la mécanique actuelle, a permis de construire et de mener à bien en peu de temps cette œuvre colossale qui autrefois eût exigé des années de travail, de [peines et de souffrances non sans dangers.

En effet, par une puissance créatrice surprenante et vraiment admirable, l'établissement du chemin de fer souterrain présente le spectacle le plus stupéfiant qui se puisse voir. Dans la partie la plus large de la ville immense, sur un parcours de quatorze mille mètres, et à huit ou dix de profondeur, des wagons, semblables aux anneaux énormes du corps de quelque fantastique dragon, transportent des êtres humains qui, confiants, descendent dans les entrailles du sol et en remontent. Ce qui n'était jadis que pur caprice de l'imagination de nos ancêtres, chimère puérile, devient réalité grâce au Métropolitain, tout à la fois énorme et gracieux, coquet et imposant, joignant l'utile à l'agréable et tenant de la fantaisie et du rêve.

Aux extrémités et aux gares disposées de loin en loin sur la longueur du parcours, à peine si quelque élégant édicule fait soupçonner l'œuvre souterraine. On accède à la voie par des escaliers et soudain, à l'œil étonné, apparaissent des murs recouverts de faïence émaillée dont les facettes luisantes reflètent les blanches clartés de la lumière électrique. Après avoir pris place dans les voitures, le convoi s'ébranle et l'on part pour l'inconnu, l'on s'enfonce dans le vide avec cette sensation légère que cause le voyage dans les ténèbres, des ténèbres pourtant incomplètes, car de temps en temps la lumière de quelque lampe à arc les ponctue. On ignore où l'on est, où l'on va, car, sans métaphore, l'on se trouve véritablement dans les entrailles de Paris, dont les intestins sont figurés par les gros tuyaux des égouts, les conduites pour l'eau, le gaz, l'électricité, le téléphone, etc.

C'est le voyage dans le mystère, dans une sorte d'enfer, dont le bruit des machines et des wagons sur les rails donne un semblant d'illusion, enfer à la vérité peu dangereux et encore moins effrayant. Tout à coup le train stoppe : une nappe de lumière blafarde éclate, noie les alentours : c'est une station. Cet arrêt appelle la réflexion. Et durant que le train repart, on songe qu'au-dessus de soi des êtres vivants, vont, viennent, remuent, s'agitent dans l'incessante activité de la vie moderne, tandis qu'une sorte d'engourdissement vous prend dans ces quasi-ténèbres, mollement bercé par le train qui vous véhicule ; on est heureux de se laisser emporter ainsi, d'aller sans se rendre compte du temps écoulé, de la distance parcourue, et l'on remercie les hommes dont la science vous procura ces sensations inédites, ces moyens de locomotion facile et rapide. Les voyageurs qui, pour quelques sous, traversent la grande ville avec la plus complète sécurité, peuvent difficilement se rendre compte des efforts que nécessita l'établissement de ces catacombes d'un nouveau genre, appelées à témoigner aux siècles futurs de l'activité, de la science et du progrès des temps présents.

FIN

TABLE

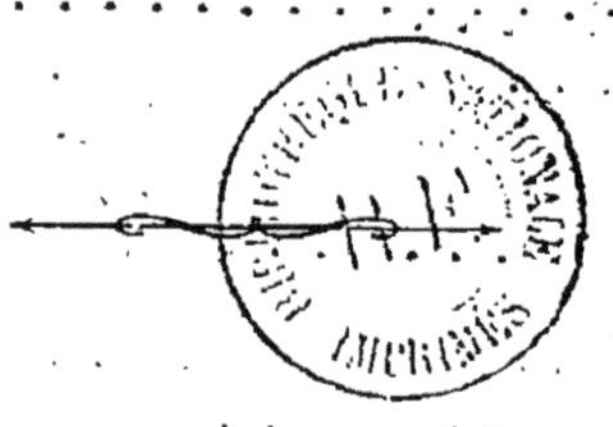

Paris. — J. Mersch, imp., 4bis, Av. de Châtillon

Librairie Taitbout, Albert WOLFF, Éditeur.

EXTRAIT DU CATALOGUE

Cœurs de marins, nouvelle édition, joli volume avec illustrations, par M. le baron DESLANDES . . 5

A trompeur, trompeuse et demie, comédie en un acte, en vers, de M. Raymond CHUSSARD, 2 personnages : Pierrot et Colombine . . 2

La Goutte d'eau, comédie en un acte, en vers, de M. Raymond CHUSSARD. 2 personnages : Pierrot, Pierrette. . . 2

Figuration : Paysannes italiennes.

Sur la Sellette, monologue en prose pour jeune homme, par KAPPA-LAMBDA . . . 1

Compliments de Marguerite, petite poésie pour fillette, par KAPPA-LAMBDA . . . 0 50

A Michelet, poésie dite pour les fêtes de Michelet, par Albert WOLFF . . . 0 50

Conte de Noël, poésie de Raoul THONIN, grand succès . . . 1

Vers l'Amour, par M. Mécislas GOLBERG, exemplaires de luxe . . . 5

Édition ordinaire . . . 2

Paris. — J. Mersch, imp., 4bis, Av. de Châtillon.

www.ingramcontent.com/pod-product-compliance
Ingram Content Group UK Ltd.
Pitfield, Milton Keynes, MK11 3LW, UK
UKHW021056220726
13924UKWH00005B/2114